袁　枢

（1131—1205）

福建历史文化名人丛书

福建省社会科学界联合会 编

袁枢

史学纪事本末体的开创者

南 强 编著

海峡出版发行集团 | 福建人民出版社
THE STRAITS PUBLISHING & DISTRIBUTING GROUP | FUJIAN PEOPLE'S PUBLISHING HOUSE

图书在版编目（CIP）数据

袁枢：史学纪事本末体的开创者 / 南强编著. --福州：福建人民出版社, 2017.9（2020.11重印）
（福建历史文化名人丛书）
ISBN 978-7-211-07796-0

Ⅰ. ①袁… Ⅱ. ①南… Ⅲ. ①袁枢（1131–1205）–生平事迹 Ⅳ. ①K825.81

中国版本图书馆CIP数据核字（2017）第227567号

袁枢
YUANSHU
——史学纪事本末体的开创者

作　　者： 南　强
责任编辑： 何水儿
出版发行： 福建人民出版社　　**电　　话：** 0591–87604366(发行部)
网　　址： http://www.fjpph.com　　**电子邮箱：** fjpph7211@126.com
地　　址： 福州市东水路76号　　**邮　　编：** 350001
经　　销： 福建新华发行（集团）有限责任公司
印　　刷： 福建省金盾彩色印刷有限公司
地　　址： 福州市金山浦上工业区D区24幢
开　　本： 700毫米×1000毫米 1/16
印　　张： 7.25
字　　数： 80千字
版　　次： 2017年9月第1版　　2020年11月第2次印刷
书　　号： ISBN 978-7-211-07796-0
定　　价： 25.00元

总 序

李 红

社会科学承载着“认识世界、传承文明、创新理论、咨政育人、服务社会”的重要功能，是人类赖以传承的精神支柱。近年来，福建省各级各部门认真贯彻《福建省社会科学普及条例》，社会科学普及工作扎实开展、稳步推进，通过举办全省社科普及宣传周、建立社科普及基地、开办社科普及讲坛等社科普及咨询平台载体，其制度化、常态化、大众化工作取得了明显成效。

习近平总书记指出，文化是民族生存和发展的重要力量，中华优秀传统文化已经成为中华民族的基因，植根在中国人内心，潜移默化地影响着中国人的思维方式和行为方式。福建文化是中华文化中极富特色的一部分，深度融入了中国文化的进程，展现出突破陈规、积极进取、兼容并包、锐意创新的胸襟和气魄。向大众传播福建优秀的历史文化知识，是福建省社科普及工作的重要内容。以接福建地气、讲福建故事、塑福建形象、续福建文脉的姿态编辑出版的“福建历史文化名人丛书”，既较为全面地展示了福建文化深厚的历史底蕴和丰富的人文精神，也为福建当下的社会文化建设提供了有益的资鉴。“福建历史文化名人丛书”所包含的朱熹、林则徐、严复、陈嘉庚等人物传记，记录了福建

文化之于中国历史的影响，同时也以人物史的叙述方式生动地展现出中国人文精神的风骨和传统文化的传承。

今天，我们提倡和弘扬社会主义核心价值观，必须从中华优秀传统文化中汲取丰富营养，否则就会缺乏生命力和影响力。“福建历史文化名人丛书”记录了福建历史文化人物的价值观践行轨迹，重温了这批福建历史文化乃至中国历史文化史上重要人物的生命历程，以浅显晓畅、通俗易懂的叙述方式讲述了中华优秀传统文化传承的当代意义，开辟了社会科学知识进入千家万户的新路子。

“最忆市桥灯火静，巷南巷北读书声。”一套好的社会科学普及丛书，总是能带动起读书的风气。将学习作为一种追求、爱好和健康的生活方式，也是“福建历史文化名人丛书”所期望实现的目标。在文字中领略福建地域文化魅力，在阅读中传承传统文化养分，在感悟中提升人文道德情操，社会科学普及丛书的出版，可谓正当其时。

（作者系福建省人民政府原副省长，福建省政协原副主席）

目　录

前 言

建瓯地处闽北腹地，山清水秀，人杰地灵。自公元260年吴国设建安郡以来，地名虽然多有变化，或称建安，或称建宁，但作为闽北的政治经济文化中心的地位则基本不变，而真正的经济文化发展是在宋代，两宋时期建瓯先后出现过1000多名进士，占建瓯科举史上的90%。正是在这样的基础上，宋代建瓯涌现出了一大批在政治、历史、教育、文化等领域卓有建树的优秀人物，《通鉴纪事本末》编撰者袁枢便是其中的佼佼者。

《通鉴纪事本末》的意义和影响，首先在于开创了以事件为中心的纪事本末体，成为与以人物为中心的纪传体、以时间为主线的编年体鼎立的历史编撰体例。自袁枢之后，出现了一大批以纪事本末体编撰的史学著作。《通鉴纪事本末》的另一重要价值是其在政治学方面的意义。《通鉴纪事本末》的内容主要源于北宋司马光的编年体史书《资治通鉴》，袁枢根据自己的思考，删繁就简，重新调整，突出要领，强化“治”“乱”，使本来隐藏在漫长时间背后历史事件的意义得以清晰凸显，从而成为一部具有鲜明倾向的政治史专著。此书不仅在当时产生了积极影响，同时也为后人提供了深刻的启示。

近代思想家、政治家、教育家梁启超认为，如果要寻求历史发展的原因结果，使其起到鉴往知来的作用，非要以事件为主不可。毛泽东不但自己经常阅读《通鉴纪事本末》，同时还多次把此书推荐给其他领导人和将领阅读。

袁枢一生的主要活动是30多年的从政生涯。袁枢入仕后当过多年朝官，历任礼部试官、太学丞、大宗正、吏部兼工部侍郎、国子监祭酒等，也曾任过外官，当过两任知州。无论在什么职位上，他都能廉洁奉公、勤政为民。直到60多岁已经白发苍苍了，他接到重新被起用为江陵知州的令旨，依然不辞辛苦千里迢迢赴任，并率领民众抗洪救灾，种下万棵杨柳护堤，为江陵百姓盛“德之”。而尤其令人称道的是他刚直不阿、疾恶如仇，敢于抨击朝廷中的不正之风。他也因此三次被贬，最后一次甚至被一撸到底，连养家糊口的薪俸都丢了。即便如此，他依然坚持“穷则独善其身，达则兼济天下”的传统。在他身上，集中体现了中国优秀士人的人格特点。无数像袁枢这样的士人，共同构成了我们中华民族自立自强于世界民族之林的整体人格，在这方面，袁枢也为我们树立了一个光辉的榜样。

第一章

少年袁枢 以诗言志

少年袁枢以“泰山一叶轻，沧海一滴水。我观天地间，何啻一指间”这样豪迈的诗句言志，让其家人惊喜不已。

少年袁枢

绍兴七年（1137年）初秋的一日，天高云淡，与建安城（今建瓯市区）以往的许许多多日子一样，美好而又平常。但对年仅7岁的袁枢来说，则是他一生中极为不寻常的一天。正是这天的一场邂逅，成就了他与另一位将来要成为影响中国历史上千年的文化巨人的一生缘分。

其时，宋、金和平协议总算签订，南侵的金军退回中原，压在宋朝头上的外患压力减轻了一些。内乱也已平定，形势开始

建瓯孔庙—宋代府学

缓和。宋高宗结束了朝不保夕的流亡生活，正式定都临安（杭州），并开始着手恢复社会经济和教育文化建设，开启了一度停顿的科考。建安城里本有府学与建安县学、瓯宁县学三所官学，北宋末年毁于战火，此时也得以重建。学生一天天多起来，终日书声琅琅，生机勃勃。随着官方教育的恢复，社学、私塾也多了起来。袁枢开始接受启蒙教育。除了读书以外，他最喜欢去的地方是水南。

建安地处福建北部山区，上有东西两条支流，西名崇阳溪，东名松溪，下则连接剑津直通闽江。奔腾的溪流汇合处，是一片方圆十几里的山间盆地，建安城就在其间。水南位于建安城南郊，没有城中那么热闹，却有许多名胜。山有覆船山、梨岳山、梅仙山等，寺观有开元禅寺、报恩光孝禅寺、南禅寺、文殊讲

水南塔

寺、罗汉讲寺、永庆讲寺、南昌观、马大仙庵等。每一处名胜寺观，都有一段故事。但对袁枢来说，他感兴趣的还是水南桥头下那片宽阔的沙滩。

在那里，袁枢和伙伴们有时追逐，有时摔跤，有时扔石子，有时堆沙，有时画画，天气炎热时则钻到溪里去游泳和摸鱼。有一阵子，袁枢特别热衷摸鱼。在溪里嬉戏时，随便把手伸进岩边的石缝中，就能摸着一条小昂刺或者花鳜。若是敢于潜得深一些，还能在礁石洞里抓到大黄鲶。大黄鲶是建溪中特产的一种胡子鲶，巨口，无鳞，大者有一人多长，几十斤重。在石洞中摸着大黄鲶时，只要轻轻扣住它的下巴，就能很顺利地将它拉出来。然而只要一离开水面，它就会猛地从人手中挣脱，重新回到原来的石洞中。袁枢和孩子们总是一而再，再而三地把大黄鲶拉出水，直到它被闹得不耐烦了，逃到别处为止。

一天，袁枢在沙滩上遇到了一个以前从未见过的男孩。男孩年龄比他稍长，个子不大，额头宽阔，棱形脸，右脸颊眼耳间长着七颗北斗星状的小黑痣，显得特别老成。或许是与袁枢他们还不相熟的缘故，那孩子独自在沙滩上徘徊。一会儿抬头看看天，一会儿低头看看地，一会儿又捡起一根枯枝，弯下腰来在沙滩上划来划去。

袁枢见那孩子与众不同，立即产生了兴趣，跑过去看他在沙滩上画什么。没有看到人物，也没有看到动物，只是一道道长长短短的横线。

“嗨，你在画什么？”

男孩抬起头来，看见袁枢，笑了笑：“八卦。”

其时袁枢还不知道易经八卦：“八卦是什么？”

“是天地起源，世间万象。”

建瓯水南画卦洲，袁枢与朱熹相识于此

“可是怎么一点也不像呢？”

“怎么会不像呢？你看，这长的三横是乾，像天，代表男人；短的三横是坤，像地，代表女人。”

袁枢第一次听到这些说法，云里雾里，莫名其妙，顿时对这个新认识的男孩佩服至极：“哇，你知道得真多啊。我叫袁枢。你呢？”

“我呀？我叫朱熹。”

以诗言志

就这样，在建安水南的沙滩上，袁枢与朱熹相识并成了朋友。

袁枢除了在沙滩上与朱熹一起玩耍，有时也会到朱熹的家里去。其时，朱熹的父亲朱松因为强烈反对秦桧与金国议和的主

张，愤而辞官退隐。他看中了建安城水南一块依山临水之地，将其买下，建了一幢木屋，取名为环溪精舍。当时建安还有一批与他类似的理学士人寓居，朱松与他们时常交往，而与崇安人刘子翚、胡宪、刘勉之三人关系尤为密切。袁枢结交朱熹之后，得以认识朱松、刘子翚等一批鸿儒，并成为刘子翚侄子刘珙的朋友。因此无论是思想学识还是为人品格方面，袁枢都深受他们的熏陶，他也由此树立了报国为民的远大志向，形成了刚正不阿的性格特点。

一天，在沙滩上，朱熹用枯枝在地上画八卦时，袁枢看着看着，若有所悟。只见头顶是深邃无穷的青天，风和日丽，白云苍狗；身旁是蜿蜒流淌的河水，浪腾鱼跃，船驶如箭；远处的山色如黛，城如幻梦；而在这天地中来来往往的人流，则似蚁群一样渺小。突然间，他的脑海中跳出了一首短诗：

泰山一叶轻，沧海一滴水。
我观天地间，何啻一指间。

一指，意思是用手随便一指，不是天就是地。何啻，意思是不异于，从异的方面来看，泰山与树叶，沧海与一滴水的体积重量有很大差别，然而从同的方面来看，这些事物的本质没有区别。就像天地一样，包罗万象，无边无际，千差万别，但不管手指的是什么物体，只要在心灵上认识到根本，本质上都一样。袁枢儿时的这首诗，其中所体现的气魄，让人难以想象出自一个七八岁孩童之手。一个小小孩童，居然能写出有着如此意境的诗来，不仅让父亲吃惊，也让身为一家之主的祖父自豪。袁枢的祖父袁朝元，字胜之，个子不高，身板结实，精力充沛，为人诚信而又讲义气。跟许多建安人一样，袁家并非当地土著，而是从中原地区迁移而来。建安袁氏家族多年来一直寂寂无闻。尽管如此，他们血液中始终流淌着一股坚守儒家正道、光宗耀祖的元素。十多年前，建安发生兵乱，袁胜之虽是一介布衣，却不顾危险，挺身而出，直趋乱兵营中，说服了企图屠城的乱兵首领，保全了一城人的性命，因此在建安百姓中享有很高的威信。他对这个眉清目秀、聪明可爱的孙儿袁枢，寄予了极大的期望，取名枢，以寓其将来能振兴袁氏、成为国家中枢之意。

然而，就在那几年里，宋朝社会和建安城接连遭遇巨大动乱，在这一片混乱中，袁枢的命运将如何？

第二章

游学京都　文惊太学

袁枢少年英才，17岁便能入读太学，他珍惜学习机会，以扬雄为榜样，研究经史。后又对司马光的《资治通鉴》产生兴趣。然而，他也因“朝中无人”而失意，导致九年不鸣。

就读太学

绍兴十八年（1148年）春暖花开的一天，17岁的袁枢离开家乡，前往京都临安太学就读。

此时的袁枢，已经是一个英俊少年，鼻梁直挺，眉宇间透着一股锐气，举止彬彬有礼。

宋代实行文官政治，重视文化教育，为了选拔人才，在教育制度上实行较大的改革。一是扩大了进士录取范围，无论出身官宦人家还是平民百姓，都有同等的参考机会，录取名额也成倍增加。二是加强太学建设，用学校教育替代科举考试。太学分为外舍、内舍、上舍三级。初入太学的为外舍生，经考试合格后方能依次升入内舍、上舍。考试分为“校考”与“公考”两种，校考每月一次，由太学老师出题评等；公考两年进行一次，由国家教育管理机构国子监统一组织。考试成绩分“优”“中”“下”三等，校考公考全优者才能逐级升学。如若两考均下，则降到下一级学习。如若升入上舍，优等生直接赐进士出身，谓之“释褐”；中等生直接参加朝廷面试，委以官职；下等生则取得直接参加进士考试的资格。

太学果然气势不凡，不仅规模巨大，殿舍宏伟，有许多平时难得一见的藏书。更重要的是学生中不乏年轻有为之辈，来授课的老师也多是当时饱学之士。大家终日在一起，研读圣贤之书，探讨治国之策，思想活跃，无所顾忌。这种环境氛围，袁枢非常喜欢。

然而，他很快就被一件事情刺激得夜不能寐：太学竟然是在岳飞家宅遗址上扩建而成的。袁枢每天在太学休息散步时，都会有人给他指点说，此处是什么什么地方。太学生练习武艺的射圃，也是当年岳飞父子练习武艺的地方，宽阔的院子里，还有几个据说是岳飞用过的石锁与石担。袁枢试着去搬了搬，用尽浑身力气也无法将它举起来。事实上，即使是太学中力气最大的同学，也不能将其举起。而令袁枢印象更为深刻的是当年岳飞的书房，虽然只是一个小小的单间，当年书籍也荡然无存，可他仿佛看见岳飞在房里秉烛夜读，时时筹划着打败金军收复北方失地的方略。袁枢想，岳飞之所以能成为一代名将，金戈铁马，令强悍的金兵闻风丧胆，绝非偶然。因此，每当他看到太学廊庑庭院中可能是昔年岳家的遗迹时，都会产生一种崇敬岳飞、痛恨秦桧的复杂情感。他不能成为岳飞一样的武将，但也可以像岳飞那样精忠报国、万死不辞。

心里这么想，千言万语还得化作实际行动。要实现自己的理想抱负，首先就得读好书，考个好成绩，博个进士出身，这才有可能进入仕途，建功立业。所以，在一番感慨叹息之后，袁枢回归平静。他自知机会难得，十分珍惜在太学学习的机会。除了完成规定的课程学业外，他总是如饥似渴地博览群书。太学中收藏了不少图书，基本能够满足学子们的要求。袁枢最初感兴趣的是辞赋文学，不论是那楚辞的浪漫、汉赋的铺张、唐诗的绚丽，还是那些刚刚离他而去的诸多北宋大家的长短句，都在他心里留下痕迹，引发遐想。

然而，很快他就对经史感兴趣起来了。

袁枢从文学转向经史，源于西汉的扬雄。

扬雄，字子云，蜀郡成都（今四川成都郫县）人，西汉后期著名文学家。文学方面，他是著名的汉赋四大家之一，其代表作有《河东赋》《羽猎赋》《甘泉赋》《长杨赋》等。他年轻时，

醉心辞赋，写了不少华丽的文章，为汉成帝所喜，但很快他又转而研究经学。他模仿《周易》写了《太玄》，模仿《论语》写了《法言》，还撰写了许多语言文字学方面的著作，成为彪炳千古的汉代大学者。唐代名家刘禹锡的《陋室铭》中亦有“南阳诸葛庐，西蜀子云亭”之句，将扬雄与开蜀名相诸葛亮相提并论。

袁枢喜欢扬雄，与其说是喜欢他的学术思想，不如说是喜欢他的为人处世方式。扬雄对辞赋文学曾发出“壮夫不为”的慨叹，是有感于当时的辞赋不是粉饰太平，就是感叹怨恨之作，即便是讽喻之作，也未必对当权者产生多大影响。既不能与运筹帷幄决胜千里、金戈铁马开疆拓边的功业相比，更不能与孔子孟子等先儒的修身立德而成万世师表相比。袁枢生活的南宋时代，国家面临的最大问题是如何富国强兵，抵御北方悍敌，进而收复失地。作为一个有抱负的年轻士子，将有很多事情要做，怎能沉浸于诗歌辞赋中浅斟低唱呢？

在研习扬雄学术的同时，袁枢又对史学产生了浓厚的兴趣，不仅通读了《尚书》《春秋》《史记》《汉书》《唐书》等，而且不止一次地攻读了《资治通鉴》。

司马光编撰的《资治通鉴》，具有鲜明的政治目的，以“专取关国家兴衰，为编年一书”为著述宗旨，以叙皇朝兴亡之迹为主线。将“国家兴衰”与“生民休戚”并列作为叙事的基本内容，注重“兴”的同时，更关注其“衰”。叙述各朝各代，均是乱世篇幅超过治世篇幅。《资治通鉴》成书后，后人对其评价极高。此书作为一部政治历史巨著，具有强大的思想力量和现实价值，只要用心阅读，总会有或多或少的收获。

《资治通鉴》在体例上也开创了一个以时间为线索叙事的编年体新天地，后代史家纷纷效仿，而且出现了许多专治通鉴的专家，形成“通鉴学”。司马光因此与司马迁相提并论，被誉为中国史学史上最伟大的“两司马”。

袁枢自小所受的就是传统儒家教育，有了这样的思想基础，对司马光可谓情有独钟。在他看来，司马光不仅是一流的史学大家，更是品德高尚的圣贤伟人。

修身为弓

绍兴二十一年（1151年），袁枢在太学外舍学习期满，顺利升入内舍。

袁枢之所以能够在外舍脱颖而出，得力于他的文章《修身为弓赋》。

说来也巧，袁枢刚刚对扬雄产生兴趣，升舍考试时就遇到了相关的题目。当他拿到考题时，一看就乐了。

> “修身以为弓，矫思以为矢，立义以为的。奠而发发，发必中矣。”此段出自何人何书？并以此为题作赋。

“修身以为弓”出自扬子《法言·修身卷》，以射箭为喻，说明道德修养的重要性和全过程。统治者只有具备高尚的道德修养，才能为社会做出榜样，才能富国强兵，直至建立大同社会。

先儒讲究德治，道理就在于此。然而，高尚的道德修养需要一个过程，如何修养也有方法。扬子以射箭为喻，认为持弓要端正，举箭要校正，目标要明确，精力要集中，发射要果断——只有如此，才能准确射中目标。道德修养也一样，首先要端正态度，打下扎实基础；其次应当谨慎思考，时时反思，纠正错误；其三要有明确的奋斗目标，做应该做的正确事情。在行动时，集

中精力，方向明确，果断前进，才能获得成功。

如果说，刚入太学时袁枢还只是抱着治国平天下的热情的话，此时他更多思考的则是如何才能达到这个人生目标了。先儒曾在《礼记·大学》篇中说："欲治其国者，先齐其家；欲齐其家者，先修其身；欲修其身者，先正其心；欲正其心者，先诚其意；欲诚其意者，先致其知；致知在格物……"扬子此喻，说的不就是这个意思吗？可见，不管做什么，修身是根本，是内在功夫，一丝一毫都马虎不得。只要修好了身，进可以治国平天下，退亦可独善其身，成为一个真正的君子。

袁枢在全面阐述和发挥了扬子这段话的内涵后，进而转向批评现实。在他看来，宋王朝遭遇"靖康之难"，落到今天向金国称臣的地步，并非偶然，关键在于徽宗皇帝未能以修身为本，奢靡失德，进而失国失天下。

袁枢在作题时，脑海里跳动着宋徽宗和蔡京等人的丑闻往事，不由思绪如潮，激情澎湃。联想到当前形势虽然已经稳定下来，仍然存在许多危机。对外，虽然与金国签订了和议，可是金人的野心还在，二帝未归，失地未复，战争危险依然存在。于内，朝臣不是苟且偷安，就是追求名利，缺少励精图治的风气；何况武备不强，民力疲软。在这种情况下，皇上更应以身作则，以德治国，以鼓舞士气民心，逐步增强国力，等机会成熟，再派兵北上，收复失地，振兴大宋。

袁枢思虑成熟，拿起笔来，片刻之间，一篇洋洋洒洒的文章就交了上去。

作为一个从小就有远大抱负的年轻士子，袁枢对于宋徽宗失德亡国和当前危机的认识，虽然还不够全面，却有相当的见地。尤其是对于本朝先皇帝的认识与批评，还缺乏一定的勇气。后人评价袁枢，说他为人处世刚直，但未尽合于“正道”，指的就是他的这种个性。尽管此时的袁枢尚未进入官场，个性也尚未得到充分张扬，但所具脾性从这篇早期的作文中已经可见一斑。

卷子交上去之后，恰好碰上了参与评卷的刘珙。刘珙字共父，比袁枢长9岁。刘珙自小跟叔父刘子翚读书，打下了深厚的学识基础。绍兴十七年（1147年），刘珙的父亲、抗金名将刘子翼病故，刘珙以父功荫补为进士出身，前往京都主管西外敦宗院，实际就是负责皇室子弟的教育，这次是临时抽调去任太学考官。若干年前，刘珙曾在建安见过袁枢，对他颇有好感。此时看到这位来自家乡的锐气后生，感到分外亲切，也就特别地青睐于他。

刘珙当即将袁枢的文章传给一起评卷的周必大，他看了之后，也十分欣赏。周必大，字子充，江西吉安人，比袁枢长5岁，后来官至左丞相，也是一位铁骨铮铮的名臣。这一年，他刚刚考中进士，教授建康府除太学录——实际就是在太学当教师。初出茅庐的周必大，与那个时代的许多年轻精英一样，怀抱满腔的富国强兵理想。他也深知要实现国家中兴，必须得有一批志同道合者共同努力才行。袁枢通过赋文表达的思想与才情，很自然地引起他的关注与重视。考官们不仅给出了上等成绩，还将此文张榜于太学外舍，很快就在太学中传开。袁枢一夜之间就出了名，因而引起了朝廷中一些有志之士的重视。

袁枢很兴奋，也很惶恐。平心而论，他虽然常以才气自许，心中却明白自己究竟有几斤几两。在家乡读书时还觉得有点小聪明，到了太学之后，接触的人才多了，这才知道山外有山，人上有人。再说，袁家靠着祖辈经营，虽然颇为富足，但100多年来都无人入仕，这种家庭背景，要想在京城出人头地，谈何容易？

一时失意，九年不鸣

果然，经过数年的学习，袁枢由外舍升内舍，又由内舍进上舍，终于读完了太学的全部课程。但他的毕业成绩并不理想，只获得一个三等成绩。

袁枢很沮丧。宋朝的规矩，上舍生中优等的可获“释褐”，即直接任职做官；二等的可获“进士”出身，等待朝廷派官；剩下的三等生，只能获得直接参加进士考试的资格。而那种全国统一的进士考试，三年才一次。换句话说，他至少要等三年后进士及第了才有入仕的资格和机会。

袁枢很不服气，但问题究竟出在了哪里？

他离开太学，独自一人顺着西湖岸漫无目的地游走。时值深冬，湖风吹来，凛冽刺骨。岸边柳条稀疏，荷叶凋零，水浪拍打着岸堤，发出阵阵呜咽。湖面上一片空荡荡，很远处才有一只小船在孤独地漂泊。不知不觉中，他走到了苏堤，抬头望望，只见近处拱桥默默横卧，远处雷峰塔悄悄俯视。袁枢苦苦思索良久，终于明白了：太学虽是朝廷最高学府，却并非清水一潭。有些太学生，为了得到一个较好的成绩，什么歪门邪道的事情都能做得出来。有的仗着家中权势，千方百计与太学教授拉关系；有的则凭着家中有钱，暗中行贿。袁枢家中没有权势，虽然有些薄资，但以他的性格，根本就不屑于此等勾当。相反的，他十分痛恨太学中的那些不正之风，时常直言批评。如此一来，他不仅得罪了一些同舍，也得罪了一些教授。

袁枢对自己的失意有了答案，但也无可奈何。罢罢罢，事情既已如此，也许只有先回家乡再说了。家里有老祖父、仁父慈母以及年轻的妻子，他们都盼着他早日功成名就。20岁时，父亲还给他取了配合“枢”名的字号“机仲”，以寄厚望。可是，自己并没有实现早年的抱负，离乡时一身布衣，回家时依然一个白丁，真是愧对建安父老啊！

“机仲贤弟！”

几声急促的呼唤，把袁枢从苦恼中拉回现实，他回头一看，是时任国子监博士的杨万里。杨万里，字廷秀，自号诚斋野客，江西吉水人，比袁枢年长4岁。他不仅学问好，还善写诗。他的诗清新自然，独具风格。其中如“泉眼无声惜细流，树阴照水爱晴柔。小荷才露尖尖角，早有蜻蜓立上头”，直到今天还广为流传。绍兴二十四年（1154年），杨万里到临安参加进士考试时，与袁枢相识，自此便惺惺相惜，成为挚友。

“机仲贤弟，我到太学去找你，有人说你独自一人出门了。我便顺着西湖找来，果真就在这里。”

袁枢心中顿感一股暖意：“廷秀兄可有什么事？”

“我们先找个地方坐下吧！”说着，不由分说拉着袁枢就往最近的一个酒楼走去。

当下两人登上小酒楼，三杯下肚，袁枢浑身热火，想想数年来在太学苦读的结果，又不由得愤愤起来。

“廷秀兄已经知道小弟的事了吧？真是惭愧呀！”

“怎么能这么说呢？依万里之见，你要庆贺才是。”

袁枢苦笑一声：“此话怎说？”

“你想想，当年与你一同入外舍的有700人；3年后升入内舍的只有100人；内舍3年后，升入上舍的就只剩30人了。贤弟能成为上舍生，本就不易了。若与那些未入太学的数万士子相比，你又何其幸运啊！”

听杨万里这么一说，袁枢稍微释怀了一些：“廷秀兄说得有理。我之所以郁郁，是感觉这考试不公平啊！”

“我也认为不公平。要按贤弟的才学和人品，评个优等生，直接释褐也该。不要说科考中常有这种事，人生也是不如意者十之七八。既已如此，随遇而安吧！凭贤弟的才学，三年后再考，必定能一举中榜。”

杨万里入仕较袁枢早，对官场世事看得更加透彻。知道此时袁枢最需要的是树立起信心，而不是怨天尤人。所以尽量地鼓励他。

好在袁枢是个拿得起放得下的人，听了他的一席话，心情顿时坦然了许多，一股豪气油然而生：“三年后的事情如何还很难说。不过廷秀兄所说甚慰我心。今后必当卧薪尝胆，加倍努力，以求正果。”

事实上，此后整整9年，袁枢的去向无人知晓。在这9年中，朝廷举行了3次进士考试，也都与袁枢无缘。这些年中，袁枢究竟在干什么呢？或许是游学各地，或许是隐居读书，或许是守孝在家。不管哪种情况，如今都不得而知。不过还是从他的一首《题建安南乡桥》小诗，可以约略想见他当时的活动：

玉龙倒影卧寒潭，人在云霄天地宽。

借问是谁题此柱，茂陵词客到长安。

从诗的内容来看，明显地是在抒发一种自负其才的雄心壮志。玉龙当指南乡桥，如同一条玉龙，倒影横卧在清澈的寒潭上，站在桥旁的人心在云霄之间，只觉天地无比宽阔。这说明袁枢并不甘于平静，他的心在更高远处。茂陵词客指汉代大才子司马相如，袁枢借其喻己，表示虽然眼前暂时受挫，终有崭露头角的一天。

皇天不负有心人，袁枢终于等来了机会。就在宋孝宗即位登基的隆兴元年（1163年），袁枢的命运发生了重大转折。或许是那几年的闭门苦读，学问比几年前长进了许多；也或许是年岁增长，人情世故更为通达，思想更为成熟。那一年，33岁的袁枢参加进士考试，获得辞赋科第一的好成绩，一举荣登进士榜。不久，他便被派任温州判官、兴化军教授等职。

建瓯市佛教协会第五次代表大会
佛

第三章

初试锋芒　弹劾外戚

袁枢通过制科考试后，在首次入朝“应对”时便提出广开言路、富国强兵、亲贤远佞的谏言。此后，他又以拳拳爱国之心弹劾外戚，在弹劾无果后，更是毅然退隐。

朝堂"应对"

乾道七年（1171年），袁枢通过制科考试，调任礼部试官兼太学正录。礼部是当时朝廷主管国家典制与教育的最高行政机构，太学正录主管太学学规的执行，根据太学生的操行表现给予奖惩和教育。

按照南宋朝廷惯例，凡新任朝官者都要"应对"，其实就是上朝廷面见皇帝，并陈述他们对时政的意见。袁枢此时已41岁，相对来说比较成熟，兴奋之余，同时也感到责任重大，立即开始考虑如何"应对"的问题了。

一般来说，朝官由于经常接触皇帝和高层执政，提升的机会要比外官多得多。何况宋朝有个不成文的规矩，能够任朝官的，一般都是得到皇帝和高层执政重视的人，而外官，除了初任职或守边大吏，往往是遭贬斥之人。制科考试，是为了选拔朝官而专门设立的一种考核考试，本身就体现了皇帝的重视。如果"应对"既能符合实际又能让皇帝满意，其意义自然非同一般。

但是，如何才能做到这一点呢？许多年前袁枢就读过韩非子的《说难》，知道难的地方不在于"说"的本身，而在说的东西要能符合"人主之心"。可偏偏最难了解的就是人主之心，像他这样平民出身的外任小官，连皇帝长什么样都不知道，哪能知道他心里想什么？但是不管怎样，要实现政治抱负，就得过这一关。

此时孝宗已在位8年，大多数朝野士人都已熟悉了他的治国方略和性格特点。袁枢的耳朵里，灌满了关于这位皇帝的种种故事。在袁枢看来，孝宗算得上百年一遇的中兴明君了。事实上，在南宋皇帝中，宋孝宗确实是能力最强、最有作为的。

孝宗即位初期，颇有一番雄心，锐意收复中原。他大力整顿军政，提高军队战斗力，先后进行了3次大规模的阅兵活动，这是南宋建立以来前所未有的举动，对鼓舞士气、振奋人心有积极作用。乾道三年（1167年），孝宗任命在采石之战中曾大败金兵的虞允文为知枢密院事，并接替吴璘出任四川宣抚使。虞允文在四川练兵讲武，发展经济，卓有成效，巩固了南宋的西北防线，为再次北伐时兵出川陕打下了基础。乾道五年，孝宗召虞允文入朝，升其为右丞相兼枢密使，掌握军政大权。同时孝宗还积极整顿吏治，裁汰冗官，惩治贪污，重视农业，发展经济，很快就使宋朝国力增强，经济繁荣，文化发达，百姓安乐，出现了“乾淳之治”的中兴盛世。

上朝之前，袁枢会见了刘珙、周必大、杨万里，讨教了经验，等见到孝宗时，他从容不迫地递交了奏疏，并向孝宗做了简要的说明，主要内容有三条：

第一条：开言路以养忠孝之气。

宋朝立国后，宋太祖赵匡胤鉴于唐朝藩镇割据、武将权力过重酿成大乱的教训，实行“以文治国”，建立了一整套完善的文官政治制度，同时制订了宽松的士人政策。一方面，重视教育，厚待士人。除了兴办国家、州府、县三级官学，同时也鼓励个人办书院；太学生一入学就由国家供养，凡考取进士者即派去做官。另一方面，广开言路，除了在中央设立专门负责向皇帝提意见的“谏院”，以及专门监督弹劾各级官员的“监察院”外，宋太祖还以家传誓言形式告诫后来继位者：“不得杀士大夫及上书言事人”，“誓不诛大臣、言官”，“子孙有渝此誓者，天必殛之。”

也就是说，不管朝臣与士人向朝廷提的意见和批评多么尖锐，即使是错误的，都不能杀头，最重的处罚就是流放偏远苦

地。即便是处理贪官污吏，虽说制订了许多预防措施和惩治条例，也是能不杀则尽量不杀。宋朝立国之初，太祖与太宗两朝，因贪赃枉法而被斩首弃市的官员只有40多人，此后则基本未杀。南宋初，宋高宗为了整顿风气，对贪官重开杀戒。孝宗当位时一般不杀，但治贪法制更为严峻，没收家产流放偏远者为数不少。也正因为如此，就总体上来说，宋代官场的廉洁自律风气是主流，一般官员均以贪赃为耻。

在宋代，整个朝野的言论环境较为自由，士人也敢于上书谏议。即使到了后期，尤其是徽宗当政时，权相蔡京为了巩固自身地位，对上阿谀奉承，对下压制舆论，形成不良风气，基本也没有杀过士人与上书言事者。究其根本，是宋代皇帝总结历史教训后，认为要想保证自己的统治地位，必须依靠文官集团。而要依靠他们，就只能与他们分享权力和利益。南宋经过32年的苦心经营，好不容易获得偏安一隅，初现繁荣的局面。士宦阶层经过长期折腾，如今总算安定下来，大多抱着多一事不如少一事的心态，即便上书，也是拣些皇上与宰相们喜欢听的，提些无关痛痒的意见。

袁枢的这一条，就是针对这种言路渐塞的情况有感而发。他认为，如果孝宗真要做中兴明君，实现富国强兵，首先就要广泛听取各方面的意见，鼓励舆论自由，培养忠孝风气，以此提升官员和社会整体道德水平。

第二条：规恢复当图万全。

北宋灭亡后，宋高宗及其追随者经过数年的艰难奋战，总算站稳脚跟，重建了南宋王朝，然而与北宋相比，疆土已经丢失了三分之一，地位也变成了金国的臣属。除此之外，还要每年向金国缴纳相当大一笔钱财，这对于所有有血性的宋人来说，无疑是一种奇耻大辱。因此，围绕着究竟如何雪耻复仇、重振大宋雄风，朝臣们不断地在争辩，形成“主战”与“主和”两派。这两派势力此消彼长，交替主导，从而极大地影响了宋朝的基本国策。

高宗即位于宋朝危急存亡之际，当时的情况是金国穷追不舍，意在彻底灭宋，高宗只有战，才能赢得一线生机，因此起用了著名的主战派李纲为相。李纲在南宋初提出的战、和、守三策的基本思想，成为整个南宋时期主战派的理论与策略，袁枢的这条奏议也来源于此。事实上，袁枢一到太学任官时，就与杨万里多次讨论过这个问题。在大的人生志向和政治主张方面，他们见解大略相同，都反对议和，主张抗金北伐。但是他们也深知，就当时的宋金两国力量对比来说，宋朝并无优势可言。

就疆土、人口和经济总量来说，南宋比金国稍微占优。据后人的统计，南宋虽然失去大片北方领土，局促在淮河以南的长江中下游地区，但面积还是大于金国疆土。南宋人口将近一亿，比金国的多一倍。经济方面，南宋的农业发展超过金国。财政收入方面，北宋最好年间约一亿万贯，到孝宗时已接近北宋水平；还有铜铁冶炼、手工业等都超过了金国。南宋的劣势在于军力不如金国。由于长期以来“重文轻武”理念与政策的影响，宋朝军队指挥混乱，将不知兵，兵不知将；同时也因南方不产马而无法建立一支强悍快捷的骑兵来与金国骑兵相抗衡。

反观金国，虽然在疆土、人口、经济方面不如宋朝，但由于在军事上实行传统的“猛安谋克”制度，加上北方游牧民族特有的强悍和掠夺性，以及善于骑马的习惯，其军队有着强大的战斗力。

所谓的“猛安谋克”，实际上就是一种“全民皆兵”制度。女真语义，“猛安”本意为千，初为千夫长即千户长；“谋克”本意为族，族长。“猛安谋克”制度是女真人创建的一种社会组织，脱胎于原始氏族制下的集体狩猎组织。早期虽以军事需要发展为军事

组织，但其成员平时在部落内仍从事狩猎、捕鱼劳动，只是一遇战争，青壮年才应征去打仗，并自备武器、军马和粮草，部落联盟根据各部部长率领出征人数多寡，分别称之为猛安或谋克。

金世宗即位（1161年）后，励精图治，在保持猛安谋克制度的同时，吸收先进的汉文化，任用大批汉族士人，从而进一步提升了金国的综合国力，使他得以在与宋朝的战争中常占上风。

所以，要真正战胜金国，收复北方失地，就必须走“富国强兵”的道路。具体策略就是要如李纲当时所说的，先守住现有疆土，努力发展经济，让国家和百姓都富足起来。在此基础上，整顿军备，提升士气，再审时度势，等待机会，挥师北伐，方能一鼓作气，取得胜利。

这是袁枢提出这条应对的初衷，袁枢认为，这也是当时南宋朝廷所能选择的最佳方针。其积极意义在于既有力反击了主和派的论调，同时也批评了那些情绪化的主战派，甚至指斥那些为了讨好孝宗的盲目主战观点。

如果说前两条都是正面建议的话，第三条就是尖锐批评了。

袁枢认为，当朝士大夫“多虚诞，侥荣利”。突出表现在喜欢在皇帝和宰执面前说奉承话、大话，甚至假话，相信只要凭借这些就能得到好处。一些人整天不干实事，不顾国家利益和百姓生计，而是想方设法揣摩皇帝和执政者的心思，投其所好。皇帝主战，他们就讲战；皇帝有和意，他们就讲和，全无自己的立场与主见。还有一些人，没有和皇帝说话的机会，就利用朝廷重视文事的传统，著书写文章，通过一些途径送到宰执与皇帝面前，以此博取荣誉和地位。然而这些所谓的著作和文章，不是东拼西凑的，就是找人代写的，不但没有内容，文辞也不通。还有等而下者，看见皇帝节俭，常穿旧衣裳，也就故意穿得破破烂烂，以示节俭。诸如此类，不胜枚举。如果听之任之，必将对国家产生极大危害。

袁枢的这些奏议，没有惊世骇俗之言，句句平实，却体现了真诚的忧君忧国之心。可惜当时孝宗不止一次听到过此类谏议了，并没有特别在意。然而为了鼓励袁枢，他还是给了充分的肯定。

弹劾外戚

袁枢的忠君爱国之心与人格力量，很快就遭到了严峻考验。

事情缘起于外戚张说。张说的父亲是个外任武将，高宗初登基时立有军功。张说本人则靠着父亲的荫功补职，并没有什么真才实学。但是因为娶了寿圣皇后（即宋高宗赵构的皇后吴氏）的妹妹，成了高宗的连襟。他利用这层关系，极力讨好皇太后，深得她欢心，于是官运亨通，很快便成为奔走宫廷的知合门事兼枢密院都承旨。乾道七年（1171年），孝宗决定任他为签书枢密院事。枢密院主管兵权，因为张说的特殊身份，实际上就成了掌兵权的重臣。这个消息一出，朝廷一片哗然。首先做出强烈反应的是刘珙。

就在皇上下诏任命张说为签书枢密院的同时，刘珙也接到了提升他为同知枢密院的诏书。按宋朝官制，同知与知枢密院同级，比签书枢密院要高一级，按常理，刘珙是应该高兴的。然而，刘珙自入朝起就以刚直著称，曾经公然反对权相秦桧，并数次拒绝执行孝宗的决定。这样一种个性的人，平时就看不起张说此类凭着裙带关系以巴结奉承权势为事的小人，何况是要与这种人共事呢？所以，刘珙马上就拒绝了任命，同时上书请求辞职回乡。消息传开后，多数朝臣都认为孝宗提升外戚张说任这么一个

要职不妥，太学里也在议论此事。然而议论归议论，却没有人敢公开向皇上进谏以阻止此事。

袁枢早年就受刘珙赏识，入朝后亦有所往来，是纯粹的君子之交。在他心里，刘珙不仅是兄长，同时也是人格的榜样。得知刘珙的事后，他不由愤然，决定向孝宗上书面奏。当他把自己的奏议拿给杨万里看后，杨万里却表示担忧："机仲贤弟此奏虽然出于公心，但是据我所知，张说平时最善于阿谀奉承，深得皇太后欢心。陛下又与皇太后感情笃厚，你如果进谏，恐怕不仅得罪张说，还有可能惹恼皇太后。何况，我们这样级别的小臣说话，陛下也未必会听啊？"

杨万里说的不无道理，袁枢也明白个中厉害，再说他与张说虽无往来，亦无怨仇，完全可以不说话的。然而自古君子小人水火不相容，刘珙都敢抗命，他还不应该说几句话吗?

"听不听是陛下的事，说不说是我们的事。我觉得身为臣子，不管职务高低，在其位就要谋其政，言其言。至于得罪不得罪人，就不去管他了。"

"此言壮哉！既然如此，我也没什么话说了。今上是英明之君，或许会听你的。"

在写奏议的时候，袁枢引用了一些前朝因为重用外戚酿成祸乱的例子，同时也列举了一些他所知道的张说的劣迹，以及朝臣们的反应，极力劝说孝宗取消对张说的任命，洋洋洒洒，一笔而成。尽管如此，当他把奏议当面递交给孝宗的时候，手心还是捏了一把汗。

孝宗面无表情地看着奏议，平心而论，他也不是不懂不宜重用外戚之理，也不是不知道张说并无多少真才实学，任他签书枢密院恐怕难服人心。但是你们哪知道，皇太后与她妹妹的感情，张说在皇太后心目中的位置。更不知道，皇太后对朕的深情厚谊，不说小时由她抚养的事，就凭着当时她向高宗力荐朕继位之事，皇太后就是一个贤明的女人。更何况，即位这么些年来，除了这个张说，她可是从来没有推荐过谁啊！朕只是让张说任个签书，不是还有正职管着吗？

不过，袁枢这份奏议说得还是十分在理，也可以看出，这位太学官地位虽低，确实是出于公心，为朕为朝廷着想。要实现中兴大业，还得依靠他们啊！这么一想，孝宗心里虽然不快，口头上还是赞同奏议所论："袁爱卿所奏有理，容朕三思吧！"

看到孝宗并没有怪罪，袁枢的心放了下来。只是，孝宗的脸色似乎不大好看，究竟能否采纳他的意见、收回成命，他的心中没有底。

君子退隐

当时任宰相的是虞允文。袁枢对于这位长他20岁的前辈，始终心怀敬意。皇帝对此事不置可否，如果虞允文能站出来说话，张说的企图就不能实现。他想问问宰相为什么不阻止张说的任命。

散朝之后，袁枢在朝堂走廊上等着虞允文。

"虞大人请留步，袁枢有话要说。"

虞允文见是袁枢拦他，心里马上明白为什么了。其实这几天已有好几个人找他说过张说的事了。其实他不是不理解朝臣们对张说的任命议论，只是作为宰相，他还要替皇帝着想。在这件事上，孝宗确实有许多难处。

“不就是张说之事吗？陛下这么做，总有他的理由。”

当年在采石矶大败金兵、勇气如虎的儒将，如今在任用外戚张说这件事上，竟然表现得如此软弱。虞允文这种态度，实在让袁枢按捺不住：“陛下有过失，做臣子的就有责任帮他纠正。虞大人身为宰相，理应举荐贤才，抑止小人。张说这样的小人身居要职，与我们同朝，难道你不感到羞耻吗？”

这么多年来，虞允文一直以忠臣自居，还是第一次听到有人如此尖锐地批评他，不由得面红耳赤，很想训斥眼前这位不知天高地厚的小学官一顿。可他毕竟已经是过了耳顺之年的老臣了，再说宰相肚里能撑船，只要是出于忠心，什么样的激烈意见不能听呢？

这么一想，他反过来安慰袁枢：“机仲你千万不要急，刚才陛下不是说过容他三思吗？”

虞允文这样表态，袁枢冷静下来，自知刚才有些失言了：“虞大人你是长者，要这么说，我就放心了。”

在袁枢和朝臣们的激烈反对下，虞允文终于向皇上提出了一个折中办法：改任张说为外官，除安远军节度使，暂时离朝，以平息众议。

袁枢得知这个消息后，心中感到极大宽慰，首次向皇帝进言，就能取得效果，这说明自己的努力没有白费。

然而令袁枢意想不到的是，等待着他的是一场更为严峻的考验。

数月之后，袁枢在与杨万里的一次谈话中获悉：皇上又调张说进朝，再任签书枢密院。

袁枢吃了一惊：“去年因为众人反对，陛下不是已经收回成命了吗？”

杨万里说："陛下随时可以改变成命。朝中像张说这类专事钻营的小人，何止一个？他们为了自己的利益而同流合污，陛下再英明，也架不住他们天天在耳边吹风。再说，还有一个皇太后帮张说说话呢！"

袁枢心中顿时涌起一股豪情："那我就再去弹劾他！"

"不不，去年你已经奏过一本，再上奏恐怕就没什么用了。暂且等等看，朝中一定还有人出来说话的。"

袁枢听杨万里这一说，想想也有道理："事已至此，只好看看情况再说了。"

果然，张说再次任命的消息传开后，朝中又是一片哗然。孝宗没想到事隔一年了，张说任命签书枢密院之事还会有这么多朝臣反对和抵制，心里很不高兴，平时满朝大臣，口口声声都说忠于陛下，遇到具体事时却又意见纷纷，根本不把朕这个皇帝放在眼里。真是可气可恨。

张说的同党察言观色，立即向孝宗奏了一本："陛下啊！此事臣越想越不对头，臣担心这些人有结党营私之嫌。这可是朝廷大忌啊！"

这么一说，孝宗立即警惕起来，朝臣结党，相互攻讦，必然影响到皇权，这是绝对不允许的！

"爱卿所言有理，该怎么处理？"

"按惯例，把他们贬出朝廷不就得了。"

于是，几天之内，抵制张说任命的周必大、李衡、王希吕、莫济4人相继被贬出京。这一次4人共同抵制张说任命之事虽然最后以失败告终，却因此受到了士大夫们的格外敬重，太学中甚至有人专门写了"四贤诗"，赞颂他们的骨气。

袁枢见事情如此结局，不胜嘘唏。正在此时，有人在外敲门，打开一看，竟是朱熹，不由得喜出望外。

“几年不见，机仲贤弟的政声可是时有所闻。去年率先奏劾张说之事，足见贤弟风骨铮铮，令人敬佩啊！”

“元晦兄过奖。与兄相比，弟还差得远。这几年兄几次辞命，专心讲道，教化远郡，功德无量啊！”

“其实也是不得已啊！你看这些年来，朝中总是有一批小人包围着皇上。熹多次上奏议，希望皇上亲贤臣，远小人，也算用心良苦。可惜终不能打动皇上。以吾之天性，要是与这些小人同朝为官，实在为难。”

“孔子曰，道不行，乘桴浮于海。自古君子小人如同水火不相容。此次张说之事，周必大等四人去朝，看来我也不能在朝中再待下去了。”

“莫非机仲也要离朝？”

借着酒意，袁枢将自己心中所忧虑的与朱熹细细道来：“你看那张说，才任职几天，就趾高气扬，弄权玩术，排斥异己，胡作非为。偌大一个枢密院，好像是他自家宅院。知院事睁一眼闭一眼，视若无睹。士大夫再也无人敢出头弹劾。枢初任朝官，人微言轻，亦是无奈。既如此，不如也随周必大他们，趁早远离这是非之地。”

朱熹见袁枢心意已决，不由长叹一声：“机仲其实不必如此。依我看，皇上还是个明君，只不过暂时被蒙蔽而已。要是朝中正直耿介之臣都离开了，岂不让那些小人更加得势了。”

“元晦兄既知此理，何以几次辞召，不来任朝官呢？”

“熹之志不在朝而在道啊！自汉唐以来，先圣儒学道统几乎无人传承，直到本朝周敦颐、二程方才开始重振。靖康之难后，中原国土沦陷，道学不得已而南行，正需我等再行发挥光大，以正人心、整纲纪、强国本。熹是以道救国，以道助君啊！”

袁枢自小就与朱熹相交，可谓深知其人，假如朱熹在朝为官，以其志向个性，肯定三天两头上奏本，甚至直接批评皇帝，哪能站得住脚？他虽然也十分赞许朱熹的耿直，可总觉得他那种整天不厌其烦聚众讲道的处世方式，并不适合自己。

“枢未尝不也是想以道助君。只不过行道方式不同而已。当年在太学就读时，周必大青眼于枢，枢一日未尝敢忘。如今周必大等人因张说之故外贬，枢去年亦曾奏劾过张说，又岂能安然在朝？不知者还以为枢已与张说同流合污了呢！倒不如自请外放一闲职，以保清名，亦能稍作休整，以待他日。”

与朱熹的一番交谈，袁枢终于做出了决断。他想，与其在朝不如意，不如在外玩山弄水、喝酒吟诗，做一个陶渊明，反倒痛快。令他不解的是，也不知是张说这个小人钻营的手段高明，还是皇上一时被蒙蔽了眼睛？如今的形势是张说已经得志，按此人的德行，今后必定还会对反对过他的人进行打击报复。目前尚未祸及自己，可是想要继续留在朝中，就得想办法找人疏通与张说的关系，向他服软，否则就只能诚惶诚恐地等待着张说来收拾。前者袁枢不屑为之，后者袁枢不愿为之。也许，唯一的办法就是自请出朝，以保名节。可是那样一来，谁知什么时候才能被重新起用？自己从小就立下的抱负，难道就半途而废？

思来想去，袁枢最后决定以保名节为重。第二天，他就向孝宗请辞外任，也许是孝宗对他印象还好吧，让他出任离临安不远的严州教授。袁枢的仕途，回到了10年前的起点。

門下事閬州防禦使唐道襲爲內樞密使雅見委
之孫也蜀主雖目不知書好與書生談論粗曉其
理是時唐衣冠之族多避亂在蜀蜀主禮而用之
使修舉故事故其典章文物有唐之遺風蜀主長
子校書郎宗仁幼以疾廢立其次子祕書少監宗
懿爲遂王

通鑑紀事本末卷第三十七

黃巢之亂

唐僖宗乾符元年春正月丁亥翰林學士盧攜上
言以爲陛下初臨大寶宜深念黎元國家之有百
姓如草木之有根柢若秋冬培溉則春夏滋榮臣
竊見關東去年旱災自虢至海麥纔半收秋稼幾
無冬菜至少貧者磑蓬實爲麪蓄槐葉爲齏或更
衰羸亦難采拾常年不稔則散之鄰境今所在皆
饑無所依投坐守鄉閭待盡溝壑其蠲免餘稅實
無可徵而州縣以有上供及三司錢督趣甚急動
加捶撻雖撤屋伐木雇妻鬻子止可供所由酒

第四章

以史为谏　书奇意深

严州任上，袁枢怀严子陵、感范仲淹，最后想到自己“富国强兵”的奏议，决定写一本史书，以史书代替直谏，这就是名垂千古的《通鉴纪事本末》。该书一成，当即惊动世人，获得诸多好评，他自己也得以再次入朝。

怀严子陵，感范仲淹

离开了京都朝廷，反倒清静了许多，严州府在临安西300里，辖建德、寿昌、桐庐、分水、青溪、遂安6县，山清水秀，风光怡人。教授是个闲职，无非是到州学中讲讲课，看看试卷，有的是时间。无事之时，袁枢便会到郊野走走，以排遣心中的郁积。

让袁枢最感兴趣的是富春江上的严子陵钓台。严子陵是会稽余姚人。他少年时就因德才兼备而有高名，曾与汉光武帝一同游学。光武帝即位后，严子陵变换名姓，隐身不出。光武帝几次派人请他做官，他都不出山。后来勉强到了京城，他也是整天不说一句话。最后他隐耕于富春山，留下山顶十余亩“子陵田”和山下钓鱼的“严陵濑”。

袁枢登上富春山顶，放眼望去，只见远山如黛，清江如练，几只小船在江上悠然漂泊。身边则是树木葱郁，鸟声啁啾，一派生机。遥想严子陵当年，与光武帝何等亲密的关系，却能弃高官如粪土，如此风骨，千古难有。而今天的那些趋炎附势之徒，只要与皇上或权臣扯上一点关系，就扬扬得意不可一世，皇上身边若都是这类小人，朝政怎能不乱，中兴大业何日能成？

在严州，袁枢还踏寻过范仲淹的足迹。范仲淹早年勤学苦读，严于修身，入仕后以刚正直言立朝，不顾个人进退，多次与权贵谏争，使朝廷正气上升。他曾在越州（今浙江绍兴一带）做过知州，游览过富春江。后来到北疆戍边，又以其谋略，有效地巩固了边防，令西夏人不敢南下。庆历（1041—1048）时，他得到仁宗重用，替代吕夷简为相，主持了史称“庆历新政”的改革。

范仲淹的改革矛头，主要针对吏治腐败。新政实施后的短短几个月间，朝廷局面焕然一新：官僚机构开始精简；以往凭家世做官的子弟，受到重重限制；昔日单凭资历晋升的官僚，增加了调查业绩品德等手续；有特殊才干的人员，得到破格提拔。他还派出许多按察使，分赴各地考核官员，撤换了一大批不称职的地方官。有人劝他：“你这大笔一勾，可就有一家人要哭！”范仲淹回答说：“一家人哭，总比几个州县的人哭好些！”

范仲淹大刀阔斧的改革，触动了那些既得利益者，很快便遭到了强烈反对。与此同时，他要求扩大宰相权力的建议，也使皇帝感到不安，庆历五年（1045年）初，曾想励精图治的宋仁宗下诏废弃一切改革措施，范仲淹和富弼被撤去军政要职。实行仅一年多的各项新政，也先后被取缔。范仲淹革除弊政的一番努力，瞬间付之东流。

袁枢对这样一位先贤的事迹，从小就耳熟能详，尤其是对他精彩诗文中表现的“先天下之忧而忧，后天下之乐而乐”的情怀，每一次诵读时都会生出许多感慨。因为范仲淹的改革，袁枢开始留意王安石的政论策谏了。袁枢认为，不管王文公的变法方略与措施有多少人反对，其在政论策谏中表达的气势与犀利，足以自成一家，也足以彪炳千古。而他在变法中体现的“天变不足畏、祖宗不足法、人言不足恤”精神，更是振聋发聩。纵观古今，有这种精神的又有几人？

袁枢觉得，如果王安石不当宰相，不主持变法，而只是做一个谏官，或者翰林学士，或许就不会在朝野产生那么大的震荡，也就没有那么多人跳出来反对。王安石变法的目的是“富国强兵”，大宋确实也需要“富国强兵”，如果按司马光的保守之道

和治国方略，能达到目的吗？再想一想，假如他袁枢有朝一日，得到皇上重用，当了宰相，他该采取什么办法来“富国强兵”？

袁枢不再往下想了，要论学识才情，自己不能跟王安石与范仲淹相比，唯一可比的就是精神境界和人生追求。将来有一天，他也会像严子陵一样与世人相忘于江湖，可现在，他正处于年富力强之际，他还有以天下为己任的抱负没有实现，他不能就此终老一生，必须要寻找新的机会！

决议史谏

袁枢决定写一个奏书。

在这个奏书里，他要针对当前朝政所面临的内忧外患等主要问题，做一个全面透彻的分析，并提出解决办法。他相信，如果皇上能够看到，一定会有所警悟，当然也就有可能对他刮目相看。不过，这个奏书既不能按一般的格式去写，也不能过于直白，而是要用孔子删订《春秋》一样的笔法，寓褒贬于史事，阐大义以微言。所以，他应该将这个奏书写成一本史书，或者说，用史书来代替直谏。

他想到了司马光主编的《资治通鉴》。

早在太学读书时，他对这本历史巨著的主要内容已经相当熟悉。在袁枢看来，这是一本可与汉代司马迁的《史记》相提并论的皇皇巨著，有些方面甚至还超越了《史记》。由于《史记》全靠司马迁一人之力完成，在资料搜集与辨证方面，难免顾此失彼，结果就出现了不少失真之处。

《资治通鉴》吸取《史记》与其他史书的经验教训，在体例方面一改往常写法，以时间顺序为线索来展开历史变化。再加上此书是集合数人之力，先分别考撰，最后由司马光统一删订而成，因而有力量尽可能地占有和考证资料。据后人统计，此书所参考的资料，除正史之外，杂史诸书等达到300多种，这样就大大提高了所记史事的真实可信度。

尽管如此，由于编年体自身的特点，以及所采史事过于翔实细致的原因，使得卷帙浩繁的《资治通鉴》在阅读时难免让人感到枯燥，而且一件事绵延好几个章节，常常看了头丢了尾。一般的人往往因畏难而半途而辍，即使勉强读完了也常不得要领。

但对那些肯下苦功认真研读的人来说，就不一样了。以袁枢自己来说，读第一遍时确实感到头脑中一团乱麻，两遍、三遍之后，感觉就大不同了。他不仅从字里行间了解了过去1362年的王朝兴衰历史与治乱教训，同时也感觉到了司马光那种与司马迁一脉相传、随时跳动着的忧国忧民之心。恰如司马光自己所言，要以前代的兴盛衰败为鉴镜，考查当今朝代的得失，弘扬善良，批评丑恶，采纳正确的，舍弃错误的。这样才能光大古人的盛德，实现从前从未能达到的大治之世。所以司马光的书中更为注重的是如何治乱，不但记乱记亡的篇幅多，还以“臣光曰”的形式，对史实进行严肃的评价和批评，以此表达个人的政治立场与观点。目的是通过对事关国家盛衰、民族兴亡的统治阶级政策和重大事件的描述警示后人。

这一点，正是袁枢所最看重的。他觉得，《资治通鉴》表面上记述的是宋朝之前的历史，其实针对的都是宋朝的现实。他在思想上一直深受司马光的影响，司马光当时的现实和如今的现实也有许多相像之处。司马光站在儒家角度阐发的许多思想观点，正合他的心意。为了传承与弘扬司马光的精神，让皇上和更多的人了解《资治通鉴》的微言大义，也为了自己的理想抱负，袁枢

觉得自己应该遵循孔子“述而不作”的传道治学传统，重新整理和编撰《资治通鉴》，把它变成一部别出心裁的奏书。

当袁枢开始这项工作，重新阅读《资治通鉴》时，又有许多新的感悟。与此同时，他也找到了改编《资治通鉴》的办法：以事件为中心展开历史。在他看来，历史其实就是无数个人连续活动的过程，连续的活动构成了大大小小的事件，但是《资治通鉴》那种以时间为顺序表现历史事件的写法，不得不将事件切割分散，尤其是那些时间跨度较长的事件。如果打破时间顺序的限制，突出事件的完整性，既能大大节省阅读的时间，又增加对重要历史事件的认识。袁枢无意于创建新的理论体系，他更注重的是努力践行儒家道德，并使布衣百姓能从中受惠。而要实现这一目的，就非得引起皇上的重视不可。

宋朝自南迁以来，无论高宗还是继位的孝宗，面临的头等大事都是抵御北方金国入侵，进而收复北方失地。然而过了40年，宋朝社会虽然稳定，经济文化得到极大发展，与金国的关系也从低头称臣变为叔侄相称，但在疆域上还是未能越过淮河，每年还要向金国缴纳一定数量的贡银，还要时刻提防金国的入侵。对此，袁枢和许多有骨气的士大夫一样，每每念及就沉痛于心。他实在不明白，为何泱泱大宋王朝，竟然听由北方那些野蛮部落恣意妄为，随时作乱？他也真想不透，宋人的富国强兵梦想，何以就那么难以实现？

历史，历史，这一切困惑，都能在历史中得到答案。司马光已经为此奠定了基础，现在他需要做的就是进一步强化这个答案。为此，他应该在重新编撰的《资治通鉴》中突出治乱、平叛的事件，让皇上从中得到启示，感受到一个良臣的忠心。

书成惊世，史家丰碑

经过将近三年的日日夜夜，袁枢终于完成了这部长长的史谏奏书。

袁枢将其命名为《通鉴纪事本末》。全书42卷，约200万字。区别门目，分类编排。专以记事为主，每一件事详书始末，并自为标题，共记239事，另附录66事。上至战国，下至五代，总括1362年的中国历史。

在文字方面，袁枢全部引用《资治通鉴》的原来文字，但是进行了重新编排和取舍，比《资治通鉴》少了100多万字，特别突出了治乱、平叛的内容。例如记汉朝历史，自高祖灭楚至宦官亡汉共40事，其中记外患的就有13事：匈奴和亲、南粤称藩、汉通西南夷、汉通西域、武帝伐匈奴、武帝平两越、武帝击朝鲜、

《通鉴纪事本末》（建瓯图书馆藏）

赵充国破羌、匈奴归汉、西域归附、两匈奴叛服、诸羌叛服、鲜卑寇边。

记内乱的有17事：诸将之叛、诸吕之变、淮南谋反、巫蛊之祸、燕盖谋逆、董贤嬖佞、王莽篡汉、光武平赤眉、光武平渔阳、光武平齐、光武平陇蜀、楚王英之狱、马后抑外家、窦氏专恣、嬖幸废立、梁氏之变、宦官亡汉。

记帝王失德的2事：梁孝王骄恣、武帝惑神怪。

仅看这些题目，就可以知道袁枢关注与强调的是什么了。他不是为史而治，而是为治而史。其实，这种治史的方法与态度，并非是袁枢的发明，他直接秉承的是司马光，源头则可追溯到孔子。孔子当年编《春秋》，目的就是为治而史，因此有“孔子删春秋而乱臣贼子惧”的说法。孔子之后的汉代大史学家司马迁编撰《史记》，其宗旨是“究天人之际，通古今之变，成一家之言”。在袁枢看来，他的书不仅继承了史家“秉笔直书”的正道，同时也鲜明地表达了自己对历史事件和人物的褒贬态度。

他如释重负，请人抄录了两部副本。说来也巧，副本刚刚抄完，杨万里就来到了严州。他是从京官任上外迁知漳州，途中特意来看望袁枢的。这位老朋友的到来，令袁枢格外高兴。谈起当年奏劾张说之事，感慨不已。杨万里告诉袁枢：“古人云，天网恢恢，疏而不漏。皇上最终察觉到此人欺上压下、贪污受贿的劣迹，于是派侍御史范仲芑查办，谏官汤邦彦趁机弹劾，如今张说已经被降为明州观察使居抚州了。刘珙、周必大等人也已重回朝中，我想机仲兄很快也会回朝了。”

“话是这么说，可像我这样的小臣，谁知道皇上会不会想起来呢？不过，我这两年也没有白过，刚刚编完了《通鉴纪事本末》，诚斋兄若有空，就借兄惠眼看看，能帮忙写个序言最好。”

袁枢雕像

“机仲贤弟之事，定当竭尽全力！”

杨万里一口承诺下来，在严州住了几天，并且很快写好了序言。在这篇序言中，杨万里深情地回顾了他与袁枢在太学中的往事，正因为如此，他对袁枢所编之书的意旨就了解更深。他认为，袁枢此书的情感含蓄而自然流露，故事完整而文辞简约，细节繁多而意义宏大，考证近切而启示深远，因此这本书关于国家治、乱、存、亡的经历与总结，就像医书一样，找到了疾病的原因，开出了治疗的方法。读了以后，令人“如生乎其时，亲见乎其事，使人喜，使人悲，使人鼓舞，未既而继之于叹且泣也”。

他高度评价此书：“有国者不可无此书……学者不可无此书。”称此书是“入通鉴之户”。

与此同时，他也高度评价袁枢的人品：“其为人也，正物以己，正枉以直；有不可其意，愤怒见于色辞；盖折而不靡，踬而不悔者。孔子曰，刚毅木讷近仁，子袁子有焉。”从这段话中，我们大致可以想象得到袁枢的性格特点：正直、刚毅、律己严格、疾恶如仇，平时沉默少言，但若遇到不平之事，就会忍不住要争辩。这正是如孔子赞扬的：沉默而坚韧，就接近“仁”了。

杨万里对袁枢的为人评价，是基于对袁枢的深刻了解与惺惺相惜，发自肺腑而不是奉迎之言。因此也为袁枢一生仕途几度沉浮做了极好的剖析。

杨万里还建议袁枢，为了增加此书的影响力，还可请吕祖谦和朱熹作序跋，因这两人不仅与袁枢交厚，同时也是当时名满天下的大儒。袁枢依杨万里建议，分别给吕祖谦和朱熹寄去了书稿。吕祖谦读了书稿，又见杨万里已作序，于是一挥而就写了一篇跋言，附于书末。在跋文中，他首先肯定了袁枢此书的意义，认为《资治通鉴》一书刊行已经上百年，然而因为内容浩瀚，要抓住要领经纬，需要花费很多功夫。许多人读了之后不得纲要，成为通病。如今袁枢能够提纲挈领、分门别类，使司马温公的深微之义可以明了，使难读变易懂，非常有意义。袁枢之所以能有此成就，是他多年来厚积薄发所致。

除此之外，更重要的是袁枢的气节，他回忆当年在京都与袁枢同为学官时的经历，称赞说：“袁

冬烘先生，指的是糊涂、迂腐。唐郑薰主持考试，误以为颜标是鲁公（颜真卿）的后代，把他取为状元。当时有人作诗嘲笑：“主司头脑太冬烘，错认颜标作鲁公。”后多用来嘲笑不明事理、不识世务的书呆子。

杨风节，隐然在两学间。”这是指当年袁枢和杨万里两人在太学任职时身体力行儒学之道，以其从严治学、忠直敢言为太学生树立了榜样，因此在无形中影响了两学（太学、宗学）的风气。两学虽然是国家的最高学府，任职的教师也多是当时的饱学之士，然而也不乏奔走钻营、沽名钓誉之辈以及迂腐保守的冬烘先生。袁枢、杨万里等人，其时正值年富力强，不仅学识渊博、思想活跃，在道德人品上也是当时士人的优秀代表，在学生中具有很高的威信，所以吕祖谦有如此的评价。

朱熹的跋文是在淳熙二年（1175年）八月写的，稍微迟了一些。以他一贯的治学风格，琢磨了一番后，作了一篇旁征博引的跋文。在朱熹看来，袁枢的这种纪事本末体，并非无本之木，其实可以追溯到先秦的《尚书》与《春秋》。后来的左丘明，错综两书，以国为别，编成《国语》，则类似纪事体了。汉代以来，多用司马迁的纪传体。至于本朝的司马光，以编年体作《资治通鉴》，创造了一番伟业。只是因为资治通鉴卷帙浩繁，内容太多，“一事之首尾，或散出于数十百年间，不相缀属，读者病之”。袁枢以“暇日作此书，以便读者。其部居门目，始终离合之间，又皆曲有微意，于以错综温公之书，其亦《国语》之流也”。

朱熹的意思是，袁枢此书源出左丘明的《国语》，同时也不赞同把此书说成“于古无初，而区别之外，无发明者”。朱熹的这种评价，其实也是他一贯的为人为学作风。这位大儒不仅自己治学严谨，对别人要求也很高，以至于到了苛求甚至不能容忍异己的地步。

尽管如此，他在读了袁枢之书后，还是情不自禁“抚卷太息”。

朱熹之所以“抚卷太息”，当然不仅仅是为袁枢此书。或许，他是感慨袁枢以史为谏的正直精神吧！他当然清楚袁枢编撰此书的深层动机，这位老弟是还想在仕途上有所作为。可是，当今皇上，还有皇上身边的那群小人，能真正信任和重用袁枢这样的人吗？

朱熹的担心多余了，不久后，袁枢得以重新入朝。这次启用，主要得力于龚茂良的推荐。龚茂良（1121—1178），福建莆田人，时任参知政事（相当于副宰相）。他早就认识袁枢，十分欣赏这位小老乡。在请杨万里等人作序的同时，袁枢也将自己的《通鉴纪事本末》送了一部副本给龚茂良。龚茂良与刘珙、周必大一样，一贯赏识袁枢，果然，看到袁枢寄来的《通鉴纪事本末》抄本时，他不由拍案称绝。为了让孝宗了解袁枢，他很快就写了个关于此书的奏折，和抄本一起呈送给皇上。在奏折中，龚茂良大力称赞此书，认为此书充分表达了司马温公《资治通鉴》

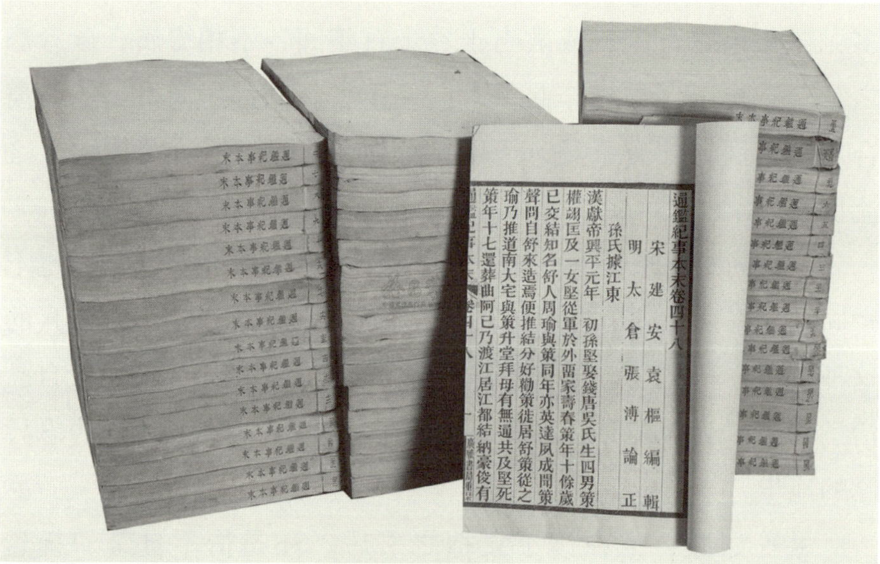

《通鉴纪事本末》

的微言大义，所列史事均有深意，对宋朝的现实有很大的借鉴意义，是一本不可不读的好书。

孝宗平时就喜欢读史书，对司马温公的《资治通鉴》也很熟悉，只是苦于该书过于散漫，很难把握一件事的终始和教训。如今见到袁枢此书，一翻题目，事事条理清晰，评点明确，阅读起来轻松多了。他当即下旨让严州知府摹印了10本，分送给东宫太子和守江诸大帅，嘱咐他们一定要认真细读，认为所有的治国道理都在此书中了。因为重视此书，孝宗自然也关注作者了，这么一个才华横溢的士人，怎么能遗之于乡野呢？

一天，龚茂良入朝议事，孝宗想起这件事，便问起袁枢的情况：“爱卿日前所送《通鉴纪事本末》，朕已读过，深有启悟。确如爱卿所言，此书不可不读。只是不知袁枢今任何职？”

龚茂良见皇上问起，正中下怀：“说起此人，皇上应该还有印象。乾道七年（1171年）曾任礼部试官兼太学录，后因张说之事辞官，自请外任严州教授，在外已有三四年了。臣以为，袁枢忠直清俭，通晓经史，是一位难得的人才，陛下若能善用，必能成为朝廷栋梁。”

龚茂良这么一说，孝宗想起来了：“既如此，你可请有司拟一道旨，调他入朝，先到大宗府任个寺监簿职吧！”

淳熙四年（1177年）三月，正是江南春意初到之时，袁枢告别严州，前往临安就任大宗正簿。大宗府是宋代专为管理皇室宗亲而设立的机构，主管为大宗正，正簿负责日常具体事务，类似主办秘书。虽然只是个没有实权的闲职，毕竟重新成了朝官，这就为将来进入朝廷权力层提供了机会，所以袁枢的心情十分舒畅。

第五章

风节坚劲　史官正气

袁枢再次应召入朝，他仍是秉持儒家的浩然正气，正直敢言，奏议不断，向皇帝进言“亲君子远小人”，拒绝为乡人“美言”。

奏议不断

袁枢再次应召进宫。进宫之前，袁枢就已再三考虑此次该对皇上说些什么好。龚茂良告诉袁枢，这几年孝宗励精图治，对外采取忍辱负重的和平政策，对内鼓励农耕，轻赋节用，重儒兴教，优待士人，因而国力不断增强，中兴有成。假以时日，必能收复北方失地，重振大宋雄风。

无奈金无足赤，人无完人，皇帝身边总是有一群小人围着。虽然张说已被贬，可还有曾觌、龙大渊等人借着皇上宠信，结党营私，一再扰乱朝纲。

袁枢几年前就已知道曾觌、龙大渊这两人。他们并非科举出身，只是凭着是孝宗旧王府的知客（实际上就是陪孝宗游玩的内臣），因此得到信任。孝宗登基后，将他们带进朝廷，任以阁门使之职，依然整天陪在孝宗身边。虽然没有实职，却因时常接近皇上，有时比在朝执政的大臣还威风。尤其可恶的是，这两人最喜欢窥探朝政，偷看大臣奏章，对人事推荐特别感兴趣，一旦知道什么消息，就打着皇上的招牌，传播小道消息，营造一种只有他们在皇上面前说话才算数的局面。事实上，确有一些官员是托了他们的门路得以升迁的。而他们，则借此机会大肆捞取好处，中饱私囊。

龚茂良叹惜道：“如此下去，不但有损皇上英名，朝政乱套，中兴成果也有可能毁于一旦！”

袁枢明白了龚茂良的意思：“大人请放心，明日我进宫应对，就说此事。”

“千万不可莽撞，岂不闻说之难耶？”

“我知道，自有分寸的。”

袁枢当然不会像过去那样，过于直白，让人一时接受不了。所以，当他见了皇上，借着孝宗问他《通鉴纪事本末》写作情况时，便趁机侃侃而论起来：“臣曾私下里听人说，陛下读司马温公《资治通鉴》时，常有感慨，并引其中事例教育身边大臣。听说陛下看到诸葛亮出师表中论及两汉所以兴衰的原因，提到‘小人不可不去’之语时，还特别引以为戒。这真是明君的伟大胸怀啊，可以作为万世表率。”

孝宗听了这话，极为舒服：“袁爱卿真知朕也。司马温公之书确实有许多发人深省之处，只是内容过于庞大，事件终始时间拖得太长，一般人读起来常不得要领。如今爱卿将温公之书重新整理，条理清晰，事例分类，让温公的微言大义一目了然，功德无量啊！”

“臣无功。臣起意编撰此书，全是受皇上的启示。臣书中很重要的一个内容是，自汉武帝以下至唐文宗因为偏听偏信佞幸小人而导致祸乱的事情。所谓的小人，其实表现各不相同，最难辨识的就是那种本性诈伪、表面诚实、心胸狭窄、表面忠耿的人，即先贤所谓‘大奸若忠’的人。如果让这类小人整天围着陛下，凭着他们恣意左右国家大政，进退天下之士，臣非常担心朝廷会为其拖累。”

孝宗是个聪明人，一听就知道袁枢所指何意。从他登基起，就有大臣不断地向他说起“亲君子远小人”之事。幸亏孝宗此时已经当了十多年皇帝，习惯了大臣们的进谏。毕竟，他们也是一片忠心嘛！所以也就没有发火，只是有点悻悻然：“袁爱卿说得

有理，不过朕还不至于与你说的这类小人共谋大事、进退贤良，朕心中明白得很。”

袁枢见孝宗如此说，马上见好就收，当即拱手而贺：“陛下能这么想，是天下苍生的福气啊！”

话是这么说了，然而情况并没多少好转，此时龙大渊已死，曾觌一伙小人更加猖狂起来。

他们最阴险的一招是向孝宗推荐谏官。假如谏官都出自他们之手，必然会按他们意思进谏。这就等于控制了朝廷的言论权，就可以根据他们的好恶，随时弹劾大臣，左右大臣的进退。

第一个被他们挑唆孝宗罢退的，就是代行相事的龚茂良。

袁枢得知情况后，实在看不下去，毅然站出来，上了一份措辞严厉的奏折，直接批评了孝宗。大意是说：人主有了偏党之心，臣下才会有朋党的祸乱。往年就有人说因为陛下有宠信武士、轻薄儒生之心，所以就毫无道理地怀疑大臣，信任整天陪着玩的小人。甚至在后院里商议本该在朝堂上公议的政事，让近侍参与谋划国家军事大计。现在虽然不再如此，表面看是陛下总揽了权纲，独立听谏和览奏，事实上却依然被小人堵塞了听闻，悄悄地转移了陛下的威福。这种情况实在令人担忧。希望陛下多听听士人和百姓的呼声，不要以私心好恶，随意毁誉身边的人。

朋友们都为袁枢的这份奏折捏了一把汗，生怕激怒孝宗，又将他贬出朝廷。但不知何故，奏折递上去之后如石沉大海，没有一点反应。既不见孝宗见问，也不见孝宗怪罪。朋友们虽然为他松了一口气，袁枢自己却十分沮丧。

事实上，并非是孝宗没有看到这份奏折，而是他这些年来已对弹劾曾觌等人的奏折司空见惯了。袁枢是他刚刚选拔的大臣，对他也是忠心耿耿，无非就是说话直率一些。既如此，那就和稀泥吧！做皇帝的，什么样的人都要能容能用，这才不愧为中兴之君。

袁枢是个书生气很足的人，哪能揣摩清楚孝宗的真实心理。这个奏折没人理，那就再上别的奏折吧！他针对孝宗锐意北伐、急于示强的心态，以及一些人为迎合皇上而盲目主战的情况，又写了一份奏折，大意是说，自古以来，企图谋人之国的，都要隐藏自己的真实意向，必定不会示强而是示弱。陛下志在恢复北方失地，以雪前耻，自然无可非议。然而从目前的情况来看，还要有一段时间的养精蓄锐，千万不要让敌人知道我们的意向和虚实。希望陛下能听取执政大臣的意见，从长计议北伐之事。

袁枢提出这样一份奏折，是经过调查分析和深思熟虑的。

袁枢认为，孝宗在和战问题上与高宗有很大的不同。宋高宗是在两帝被俘、大宋几乎要灭亡的时候登基的。即位之初，势单力薄。为了逃避金兵的追击，东躲西藏，最危急时不得不逃到了海船上，在饥寒交迫中漂流了好几天。而在金兵压迫的同时，内乱也不断发生，有一阵子高宗还被叛乱的大将苗傅、刘正彦扣压软禁起来，不得已而宣告退位。这一段痛苦经历在高宗心里留下了极为严重的创伤，所以终其在位的32年中，一直是畏金如虎。

孝宗虽然也是皇族宗室，其实早已沦为平民。只是因为高宗没有儿子，这才将他与其他几个同宗孩子养在宫中，有了成为皇帝的机会。他即位时，高宗不仅稳定了大宋剩余的半壁江山，还出现了初步的繁荣，国力也有了较大程度的提高。在这种情况下，年轻气盛的孝宗，自觉有了底气，不甘于向金国称臣，也就很自然地选择了北伐，以战来求得原有的尊严与地位。

与其意愿相违的是，即使他起用了以老将张浚为首的主战派，主动发起了旨在收复北方失地的战争，却没有取得他预想中的胜利，反而发生了令人扼腕的“符离之溃”。数万宋军兵败如山倒，囤积于符离的大量战争物资全被金兵缴获。战争局势一夜间倒向了金国。所幸的是当时金兵不明底细，未敢深入追击，宋军这才在淮河一线稳住了阵脚。

在这种情况下，孝宗不得不再次提出与金国议和，其时金国因为内部诸多问题掣肘，也决定见好就收。议和的结果是宋朝退还淮河以北的海、泗等地，金国则同意将两国关系从原来的君臣关系改为叔侄关系，每年交纳的岁币也有所减少，总算是稍稍挽回了一点面子。

初次北伐失利，让孝宗受了教训，不再轻启干戈。可是在他心里，何尝愿意就这样一辈子活在金国的阴影下？经过十多年的苦心经营，南宋国力又比他初登基时强盛了许多，于是他的雄心又被激发了起来，开始谋划再次北伐的事了。

自南宋立朝、高宗即位起，大臣们对金国的态度基本上分和、战两派：主和派在高宗朝以秦桧为代表，孝宗朝则以汤思退、史浩为代表。主战派中又分为激进主战与理智主战，激进主战派在高宗朝以岳飞等人为代表，孝宗朝则以张浚、辛弃疾等人为代表；理智主战派则以李纲、虞允文、龚茂良、周必大等人为代表，袁枢、杨万里等人均为理智主战派的重要力量。他们的基本观点是对金坚决主战，但绝不盲目开战，先守住现有疆土，与民休养生息，富国强兵，待时机成熟再挥师北伐，振兴大宋。在他们看来，金国，特别是自绍兴三十一年（1161年）深通汉文化的金世宗完颜雍即位后，通过一系列的政策措施，财政逐渐充足，仓廪有余，政治稳定，成为中国北方最强大的国家。孝宗时的宋朝虽然已经有了一定实力，但还没有强大到足以击败金国的程度。只能与金人划淮河为界，各自相安无事。

袁枢的观点，实质上也是吸取了和、战两方面的沉痛教训后形成的。和议，与文化落后的北方金国签订屈辱的不平等和约，这对自秦以来就在中原立国并独自尊大上千年的汉族人来说，是一种抹不去的痛。即便是为了生存的不得已之举，凡是传统的正直士人，均引以为切齿之恨。

然而，自高宗朝起，宋金之间大小几十战，败多胜少。可以称道的韩世忠指挥的黄天荡战役与虞允文指挥的采石矶战役，不过是为抵御金军入侵，不得已而在长江中下游自家地盘上进行的战斗。唯一突破淮河深入金国腹地的朱仙镇大捷，实际上是岳飞军的五百前锋部队与金军的一场遭遇战。假如真的继续打下去，胜负还很难料。孝宗初登基时的张浚北伐，就是又一个教训。兵家最忌的是打无把握之战。在各方面条件都不具备的情况下，贸然北伐，除了失败，还能有什么结局呢？

所以，袁枢再三力劝孝宗不能盲目北伐，一定要从长计议，谋定而动，这才是真正对国家对百姓负责的做法。孝宗不是不明白这个道理，只是碍于一种曾经的中原之主的自尊心结，还有汉人的大一统正统理念，时常有所冲动而已。再说，由于当时高宗还是太上皇，在和、战问题上的态度十分坚决，明确告诫孝宗：“要战，等我死了以后再说。”孝宗一碍于高宗，二来真战起来，心里其实也没底。所以，袁枢并没有因为这种关于和、战的谏议而影响仕途。

就在那一段时间里，袁枢出于对皇帝的忠诚和责任感，为了

维护正常的朝政和工作秩序而不断地向皇帝进谏，内容涉及科举考试、人事提拔、整顿吏治、财赋库藏等等，均是当时迫切需要解决的实际问题。后人曾专门把他的奏议编辑成书，题名为《袁侍郎奏议集》，后来的南宋大儒真德秀曾为此书专门作了序文。可惜，袁枢的奏议集与他的许多著作一样，未能得到流传。

史官正气

淳熙五年（1178年）的一天夜里，袁枢家里突然来了一位年轻客人，其身材高大，皮肤白净，见了袁枢就一口一个“机仲伯”，亲热得不得了。那人不仅嘴上叫得甜，还带来一大堆建安特产，腊肠、板鸭、风鸡、桂花蜜、包酒之类。

袁枢一向对家乡来人都很客气，特别是那些平民百姓。他觉得，家乡人来一趟京城不容易，若不是万不得已，谁会千里迢迢跋山涉水而来呢？他们来找他，无非是冲着他当着京官，在朝廷熟人多，能帮他们解决一些问题。袁枢在官场多年，深知对于一般百姓来说，要见官有多难。自己虽然不是什么有权势的大官，许多事情也帮不上忙，至少待人客气点，让家乡百姓感到有人情味，也是一德吧！

所以，尽管以前从来没见过此人，袁枢还是很客气地给他让座，倒茶。叙谈之后，这才知道，原来此人是章惇的一位曾孙，不由有点纳闷。他与章家是乡人，却素无往来，何况其时章惇已去世多年，他的后人来干什么？莫非是为了科考之事？或许是他曾当过礼部试官和太学学官的缘故，这几年经常有考生家人来找他，让他在考试时加以关照。尽管袁枢一概予以拒绝，总有一些人不死心。即使后来调任太府丞，不管考试的事了，依然有人找上门来。

袁枢想不到的是，此人并非是为考试来的。

年轻人拐了半天弯，终于说出了主题：“是这样的，家父此次让我来拜见机仲伯伯，一来是让我好好跟您学些东西；二来嘛，希望您看在先曾祖母练氏的份上，在编史时替我太爷爷美言几句。这些年，因为太爷爷的事，我们也跟着挨骂，受了不少委屈。其实呢，太爷爷在当时，也是为了皇上和朝廷，不得已啊！”

袁枢明白了章惇后人来找他的真正目的，不由得又好气又好笑。原来，这几日他刚刚接到新的任命：兼国史馆编修官。这是一个没有任何实权的闲职，居然也有人找上门来。不过，说起章惇，虽然袁枢比他晚了将近一百年，生活朝代不同，但也不算陌生。

章惇字子厚，浦城人。浦城与建安相距百里，同为一府所辖，章惇确实算得是袁枢的乡人。他是北宋神宗时王安石变法的中坚人物，哲宗时官至左相，权倾朝野。

章惇长得英俊潇洒，性情豪爽，才华出众。嘉祐（1056—1063）年间，他两度考中进士。

宋神宗熙宁二年（1069年），王安石秉政，赏识章惇之才，用为编修三司条例官，协助推行新法。元丰三年（1080年），神宗起用章惇为参知政事，章惇以严厉手段平定四川、贵州、广西三地交界的叛乱，招抚45州，为稳定宋朝西南边疆立下大功。宋哲宗即位后，迁章惇知枢密院事。其时宣仁太后临朝，起用司马光、吕公著主政，将新法尽行罢除，章惇据理力争，因而被黜外

迁。元祐九年（1094年），宋哲宗亲政，恢复改革，起用章惇为尚书左仆射兼门下侍郎。章惇为相后，复行新法，对元祐诸臣大肆报复，生者一律流窜，死者追贬夺谥。就连一向与他交厚的苏东坡也不放过，将他贬到雷州。他还上书扬言要将司马光开棺鞭尸，并企图追废支持保守派的宣仁太后，最终因宋哲宗觉得太过分了而下诏中止。

因为当年章惇曾激烈反对嗣立徽宗，认为徽宗“为人轻佻，不可以君临天下”。宋徽宗即位后，即罢去章惇相位，任命其为哲宗治墓。后又以罪贬逐于雷州。随后又流放睦州，尝尽白眼。这位曾经风光一时的变法人物，就在这样的冷遇与忧郁中悄然去世。

在袁枢看来，变法本身无可非议，问题在于为何要变、怎样变，所谓“当变则变，不当变则不变，此为智也”。南宋立国之后，数十年的安居乐业，亦导致了普遍的骄奢淫逸和吏治的腐败，不进行整顿怎么行呢？然而整顿并非都要变法，有时其实只需要重申和恢复老祖宗的好传统就行了。王安石变法的是非功过，一直众说纷纭，但即使是政敌司马光也相当敬佩他的人品与才华。章惇作为王安石变法的骨干和追随者，坚持王安石的路线，或许并没有错。

章惇的个性与才干，既使他得到赏识，也使他饱受非议。在袁枢看来，他最不该的是借着变法之机，排斥异己，结党营私。尽管其后人写了《辨诬论》替他开脱，终究无济于事。章惇的命运从某种角度上来说，也算是咎由自取。

袁枢出于对司马光的感情和政治立场，也出于他的职业操守，不肯满足章惇后人的请求，挥手打断了年轻人的喋喋不休，板起脸："好了好了，你说的意思我都明白了。只是我既为史官，就要秉笔直书，无所隐瞒。回去告诉你家人，我宁可对不起你家，也绝不做任何对不起天下后世公论之事！"

袁枢这一说，章惇后人不由满面通红，灰溜溜地离开了。或许是后来他们又去找了总管编史的宰相赵雄，赵雄第二天碰到袁枢时，赞扬道："袁兄做得对，不愧是古今良史。"

袁枢连连摇头，苦笑一声："不敢当，无非是各尽其职罢了。"

第六章

淮南赈灾　考察边事

淮南受灾，袁枢奉命赈灾。他视察灾情，救济灾民；他明察秋毫，查处贪腐；他胆大心细，探视边防。这一切，无不显示了他满腔的爱国爱民之情。

淮南赈灾

淳熙七年（1180年）三月，袁枢受旨前往淮南的扬、真、庐、和四郡视察灾情，督促救济灾民事宜。此时的袁枢，已经升为权吏部侍郎兼工部侍郎，这相当于兼任两个部的副职，已经是进入了朝廷的权力高层，处于仕途的鼎盛期。此时他思想上也进入成熟期，性情也沉稳了许多。因此，在到达扬州后，对于扬州郡守的一些接待活动，也就见怪不怪了。

郡守久闻袁枢清正名声，起初还有些紧张，看见他兴致挺高，便也松了一口气。

“袁大人的《通鉴纪事本末》一书，晚生数年前就拜读过了，受益匪浅啊！”

提起此书，袁枢不由多看了一眼郡守：“其实我也只是重申司马温公的意旨罢了，不足挂齿的。可惜真正能读懂此书的人并不多，如今士大夫，汲汲于名利，已没有多少人能静下心来认真读书做学问了啊！”

“晚生亦有同感。虽然如此，只要有袁大人这样的人在朝，正气就不会消失，国家就有希望。”

郡守的话让袁枢听了十分舒畅，他想不到居然会在此遇到一个似乎可以作忘年交的人。

“扬州向来风调雨顺，是有名的鱼米之乡，今年灾情到底严重到什么程度？”

“说来惭愧，晚生到任前亦是这么想的。直到此次旱灾，这才知道。扬州虽然号称江左富都，其实不是涝灾，就是旱灾，三五年就来一次。特别是靖康（1126—1127）以来，因为战乱，水利多年失修，一遇大雨便四处泛滥。等到多日不雨，又因渠道淤塞、水流不畅而难以满足灌溉所需，长此以往，如何不闹饥荒？”

郡守这么一说，袁枢明白了。扬州的天灾，亦是人祸。

“既如此，郡守何以不上奏朝廷，及时组织丁壮修复渠道呢？”

“袁大人有所不知。扬州渠道失修之事，直接关系郡守职责。但也不尽然。其实历届郡守都有上奏过此事，即使下官我，到任不久也上过奏折，无奈一直未接到朝廷明确批示，所需经费也就没有着落。有时抽调一些民工小修小补，并不能从根本上解决问题。何况，急需修复的不仅是渠道，还有扬州城墙，自建炎（1127—1130）以来数十年都没有好好修整，好多处都已坍塌，万一金人入侵，根本无险可守。下官将此事上奏朝廷，总算引起重视，拨了一些钱粮下来，眼下刚刚开始动工，谁知春旱又这么严重，若是不能及时赈济，误了农季，下官就罪该万死了。”

袁枢听了郡守这番诉苦，心中暗吃一惊。在此之前，他只听说自隆兴（1163—1164）年间与金国和议，以淮河为界后，包括扬州在内的淮南东西两路，虽然紧靠边界，边防却极为薄弱，南来北往，时有纠纷，情况错综复杂，现在才知道原来还有这么多的问题。

果然，等郡守陪同他到扬州所辖的几个县转了一圈，看到的具体情况远比他想象的要严重得多。淮南东路依河临海，一马平川。如果正常年景的话，此时正值春耕，田野上本应到处有农人在忙碌，一些地方已经是一片新绿了。如今因为干旱，冬麦出不来，春秧插不下，大片大片的田地依然一片黄色。路上不时有衣衫褴褛之人。

袁枢停住马车，和郡守一起下车，叫住迎面而来的一位老者，只见他形容枯槁，满面菜色，身边还拖着一个七八岁的瘦弱小孩：“请问这位老乡，去哪里啊？”

老者望了望袁枢与郡守，扑通一声跪了下来：“大人救命啊！”

袁枢赶快将他扶起来：“老人家请起，有话好好说。”

老者颤抖着站起来，老泪纵横：“不瞒大人，小的就是前边村庄的人，去年因为涝灾，年景不好，除了赋税，所剩无几。本指望今年情况有所好转，哪知又遇上春旱，粮食也吃光了。无奈之下，只得带着孙子出去要饭了。可如今，到处都是饥民，我等老的老，小的小，要饭都难啊！”

正在说着话呢，行人们见到来了个大官模样的人，纷纷停下来围聚在周边，七嘴八舌叫起苦来。郡守见状，担心生出变故，急忙抢在袁枢身前：“乡亲们，我就是郡守，你们的情况，皇上已经知道了，这位就是朝廷派来赈灾的袁大人。请你们放心好了，我们回去后，很快就会解决你们的口粮问题的。”袁枢也附合着。灾民一听，顿时安定下来，纷纷散去。袁枢紧接着又跑了几个乡村，了解到了许多情况。回去后，袁枢连夜将郡守和有关官员召集来议定赈灾的具体办法，决定先将官府设立的常平仓和义仓的粮食拿出来，借给灾情最严重的乡村农人，以及孤寡病弱。如若不够，再由转运司拨钱购粮与种子，总之先想方设法解决眼前灾民的吃饭问题，并尽快补上春种。为了解决春种缺水问题，袁枢还想出了一个以工换钱粮的办法，召集百姓疏通渠道，引水灌田。虽然因为时间紧迫，经费不足，但多少也能解决一些燃眉之急，把人心稳定下来。

庐州贪腐

扬州考察完之后，袁枢转向庐州。表面上看，那位庐州郡守倒也仪表端庄、斯斯文文，是个正儿八经的科举进士出身。言谈也挺对袁枢胃口，凡提问题都能答得头头是道，挺豪爽的，不像扬州郡守那样一说起来就一大堆难处。要不是发现了一件异常之事，袁枢还真把他当作又一个忘年交了。

庐州这些年遇到的灾情也很多，尤其是去年的大旱，一直延续到今春。然而当袁枢让四乡的饥民前来常平仓借贷钱粮时，居然寥寥无几。这让他感到困惑不解："这是怎么回事，难道此地灾情并没有上报的那么严重？"

"非也非也，本郡的灾情确实很严重，下官一点都不敢虚报。只是此处的百姓毫无信义可言，他们之所以不愿来领常平仓粮，是害怕秋天要还债。"

"朝廷规定的常平仓借贷利息并不高，何况若是确有困难，亦可酌情减免的啊！"

"以前下官亦是这么想的，总以为朝廷是在为他们做好事。哪知他们把钱粮贷走后，根本就没打算还。下官也曾派人去催缴，不但没有什么效果，还威胁说若官府逼迫过分，就投金国去。"

郡守说的似乎有些道理，这些年来，淮北的汉人不断有南来归正，但另一方面淮南的汉人也有不少跑到北边去，为此造成不少麻烦。

"再说，这些年来本郡的常平仓，其实是有名无实，只能管管小灾。"

"依你之见，该怎么办呢？"袁枢担心如果没有赈好灾，大批人员外流、田地荒废，会造成更大问题，甚而影响到边防基地建设。

“下官认为，凡事顺其自然。反正我们已经打开了常平仓，已经尽力了，至于他们要不要，非我们所知了。”

郡守说得轻描淡写，袁枢却始终放不下心来。他认为灾民不愿来领常平仓粮，必定不尽如郡守说的那样，一定还有更深层次的原因。他决定微服私访，以便弄清真相。果然，等他到乡村转了一圈之后就明白了。灾民们说，不是他们不愿领常平仓粮，而是不敢去领。一位灾民把他领来的常平仓粮拿给袁枢：“你看看，这就是衙门给我们的东西！”

袁枢抓起一把，仔细一看，吃了一惊，不仅麦粒细小干瘪，还夹杂着许多泥沙。

进一步调查下去，袁枢了解了更多庐州郡守和手下盘剥百姓的劣行。除了以次充好从中渔利外，郡守还以组织民兵为名，强拉丁壮入营。若想不入营，只有给他送银两。这样，那些有钱的人家就可逃避兵役，没钱的就只好以老弱病残者去充数。更为恶劣的是，郡守居然还虚报兵额，骗取朝廷的军费。

百姓们七言八语地向袁枢诉说着自己的遭遇，针对的全是贪官污吏。听着刺耳，却是实在。也不知道满朝上下，这种贪官有多少？其实，孝宗皇帝对那些贪官也是深恶痛绝，一旦发现绝不姑息。事实上每年也都要查办几个，斩的斩，关的关，贬的贬，可就是前赴后继，斩了草除不了根。

匆匆离开灾民，回到庐州官驿后，袁枢马上把郡守叫来，一起到常平仓去，当场检查准备发放给灾民的粮食和仓内的存储，果然发现了许多猫腻。随便抓起一把粮食，不是发霉变色，就是混杂泥沙。等到再看仓储，许多谷囤表面看起来满满的，里边竟是一无所有，明显是弄虚作假糊弄他这个上级的。

“郡守大人，能不能告诉我这是怎么回事？”

郡守脸上青一块红一块，还企图把责任推到管仓官身上，管仓官吓得当场跪下：“大人饶命，大人饶命。”

袁枢不为所动，板着脸责问郡守：“管仓官固然有罪，可是你身为郡守，对这事难道一点都不知情吗？你知不知道，这事让皇上知道了，是要杀头的！”

郡守一听这话，顿时两腿发软，也跪了下来：“下官有罪。只盼大人宽宏大量，给下官一个将功赎罪的机会。”

“你们都先起来吧！当务之急是要落实赈济，安抚灾民，让百姓都体会到皇上的恩典。你们要把这件事做好了，我自会考虑减轻处罚的。”

郡守与管仓官此时除了唯唯诺诺，再也不敢说什么，立即重新贴出告示，换成好粮赈济灾民。袁枢见情况正常了，于是继续往前视察。

议说边事

转眼一个多月过去了，真、扬、和、庐四郡的赈灾走上了正轨，空旷的田野上出现了耕耘的人群。令人高兴的是，随着气候的变暖，东南风终于带来了一场及时雨，许多地方冒出了细茸茸的青苗。到了该回去的时候了。

然而袁枢不想马上就走，他还有一件心事未了：好不容易来淮南一趟，怎能不趁机到淮北看看？当然不是游山玩水，而是到实地深入了解金国情况。这些年来，朝中大臣在战、和问题上争论不休，各持己见，却没几个人真正了解过敌人。就是他自己，也从未到过金国，所有关于这个敌人的情况都是从别人那儿间接得来的。根据这些带着个人色彩的消息而作决策，有多少胜算

呢？难怪乎这些年来宋金之间的战争，总是败多胜少。

袁枢决意扮成商贾，渡过淮河到邻近的几个金国城市看看。淮南西路守帅听说后当场就拒绝了。

袁枢笑着劝道：“没有那么可怕的，这些年，宋金间没有打仗，双方互有往来，边境上的生意也做得很热闹。只要不张扬，他们哪里能知道？”

第二天，袁枢一身茶叶商打扮，只带了一个随从作为挑夫，很快就搭上了渡淮的船只，踏上了颍州的土地。

袁枢在颍州街市转来转去，看到一片繁荣景象。据当地百姓说，这两年淮北也与淮南一样，旱灾严重，但是朝廷及时开仓赈济，发放种子，减免税赋，所以没有发生大的饥荒。当朝的金世宗皇帝，不仅武略超群，文治也相当了不起，难怪乎朱熹等人称赞他为“小尧舜”。起初袁枢还有点不大相信，到了颍州之后，始信此言不虚。而且他也切身体验到了，何以金国能够灭辽败宋？何以宋朝一时无法收复失地，只能委曲求全？

金人原本是北方夷狄，数十年前还在白山黑水间游猎，文治方面只能算是汉人的小学生。可是这位小学生学得很认真，而且进步很快。汉人的先进文治和金人的出色武功，再加上有一个雄才大略的君主，就为青出于蓝而胜于蓝奠定了基础。反观汉人自己，多年来一直居于中原之主的地位，同时有堪称天下第一的经济文化，自然形成了一种根深蒂固的“老大”心态。《易经》言“物极必反”，太自得了就必然骄奢淫逸，被自己的学生打败也就是在情理之中了。

怀着极为复杂的心态，袁枢回到临安后，立即向孝宗递交了一份奏折。在这份奏折中，他提出了几件当前朝廷迫切需要解决的重要事情。

首先当然是关于赈灾的情况汇报；其次是重新经界土地，就是要重新派员测量各家各户占有的土地，防止那些地主豪强隐瞒自家土地，少交赋税，或者将赋税转嫁到穷苦百姓身上；再次是必须大力加强淮南的边防，这也是最重要的事情。这次视察淮南后，袁枢最为担忧的就是边防，所到的郡县，几乎都没有像样的城墙和堡垒，万一金人再次入侵，根本无险可守。除此之外，驻防的军队人数既少，老弱又多，也没有什么战斗力。反观金人的边界城镇，城墙堡垒都筑得很坚固，驻防的军队兵丁强壮，经常训练，与宋朝形成了鲜明对比。

为此，袁枢强烈建议：一是及时修筑加固各郡县城墙与堡垒；二是要在淮河上派驻得力将领和精锐军队，同时加强地方军队和民兵的训练。一旦有事，就能进行有效防守甚至反击。

宰相王淮看了袁枢的奏议后，觉得所说的很切合实际，很快就转呈给孝宗。孝宗看了之后，对于经界土地问题，当即做出明确批示，至于加强边防，孝宗虽然认为说得不错，却没有明确的态度。其实，孝宗皇帝并非不知道淮南边防薄弱的情况，之所以不采取积极措施，一来是修筑城墙堡垒需要大笔金钱，对于国家是一个沉重的负担，而且若在淮南驻扎边防重兵，极有可能刺激金国做出反应，势必搞得剑拔弩张；二来嘛，从历代的情况看，淮河浅窄，极易渡过，淮南一马平川，有利于骑兵作战，仅靠城墙堡垒根本挡不住擅长骑战的金军，与其如此，还不如将重兵陈列于长江岸边，可充分利用长江天险阻挡金国骑兵。所以，袁枢提的这件事最后也就不了了之。孝宗虽然并不采纳袁枢以及主战大臣们的这种意见，但也不怪罪他们。毕竟，这些大臣都是为了他和国家好。

第七章

武夷唱和　感悟人生

袁枢不顾个人安危，上书朋党之辩，受权臣排挤而外迁知处州。在处州，他仍以百姓安危为己任，改变“义役法”。他不顾朝廷严令，应朱熹之邀，访武夷山水，写下《武夷精舍十咏》，标志着他晚年思想的转变。

朋党之辩

宋孝宗淳熙九年（1182年），袁枢调任军器少监兼提举江东常平茶盐。淳熙十三年又外迁知处州（今浙江丽水地区，辖丽水、龙泉、松阳、遂水、青田、庆元六县）。

这一次的外迁，缘于袁枢关于朋党的奏议，实际上也是受朱熹的牵连。

朋党之争，是古代朝臣们为了各自政治主张与利益而拉帮结派的行为。宋代影响最大的朋党之争是元祐（1086—1094）年间王安石和司马光之间围绕变法展开的争斗。崇宁元年（1102年），蔡京拜相，为了打击政敌，遂以恢复变法为名，将司马光以下共309人之“罪行”刻碑为记，立于端礼门，以示警尤。高宗即位后才下旨为元祐党人平反，为这场斗争画上了句号。尽管如此，新的朋党之争很快又以另一种形式和内容出现了。

淳熙八年，因为浙东大旱，并发瘟疫，出现极为严重的饥荒。朱熹出任提举浙东常平茶盐公事，负责浙东赈灾事宜。朱熹到任后，立即进行“西兴”之察，于淳熙八年七月十六日至九月四日的短短3个月里，六上奏章严词弹劾台州知州唐仲友，说他在灾荒中依旧催逼税租和贪盗残民、植党淫严等不公不法之事。

然而宰相王淮与唐仲友是姻亲，且一向赏识唐仲友之才，对朱熹的弹劾置之不理。唐仲友也非等闲之辈，他为了自保，多次上疏自辩，于是事情闹到了皇帝那里。孝宗看了双方的奏章后，感到颇为难办，询问宰相王淮该如何处理？王淮稍加思索，轻描淡写地说：“秀才争闲气耳。”各打五十大板，最后朱熹调任闲官，唐仲友免职待处。

事情暂时告一段落，但唐仲友并不甘心，很快就鼓动一些朝臣攻击朱熹。先是吏部尚书郑丙、右正言蒋继周、给事中王信等与唐仲友交厚的朝臣纷纷上章举荐唐仲友，称他为有清望的儒臣。随后郑丙又亲自上疏说：“近世士大夫有所谓‘道学’者，欺世盗名，不宜信用。”锋芒直指朱熹。紧接着，监察御史陈贾又弹劾朱熹说：“近日缙绅有所谓道学者，大率假其名以济其伪，望明诏中外，痛革此习，每于除授听纳之际，考察其人，摈斥勿用。”这些弹劾，成了南宋后来“伪学”之禁的源头。

这场争斗本与袁枢没有直接关系，但他了解朱熹的个性，担心朱熹树敌太多，恐遭危险。经过反复思索，他决定找机会替朱熹说说话。于是，他利用例行的廷对机会，向孝宗进言。

“自古以来朝中就有朋党，然而朋党有君子之党，亦有小人之党。君子之党无妨，小人之党就危险了。”

“此话怎讲？”

“君子之党，结党之人均是君子，所为者均是忠君为民之事，故虽多无妨；小人之党，结党者均是势利小人，所为者均是私利，故虽小而害大。”

“依袁爱卿所见，假若朝中真有朋党，人君该如何处置？”

“臣以为，人君要有权威，就不能有朋党，特别要防止小人之党。而要防止小人之党，人君就要有公正之心，对朝臣一视同仁，不可凭个人喜恶定亲疏。”

袁枢这番进言其实是有感而发，某种程度上也是想帮助朱熹摆脱困境。然而孝宗听后，心里就不高兴了。什么君子之党、小人之党，只要是朋党，都绝不允许存在！

王淮对袁枢的这番言论非常反感，退朝后将袁枢的话转告给了吏部尚书郑丙。郑丙本来就是弹劾朱熹的主力军，平时就不喜欢袁枢的耿直脾气，也知道袁枢与朱熹的特殊关系，此时总算找到了将他排挤出去的机会。这样一来，袁枢的外迁就不足为奇了。幸好孝宗还比较赏识袁枢，没有将其外迁到偏远之地。

义役之变

处州古称括苍，境内三山（括苍山西脉、洞宫山北脉、仙霞岭余脉）聚汇，是六江（瓯江、钱塘江、灵江、飞云江、闽江和福安江）之源，与建安府紧相毗邻，随处可见红土丹崖，气候温和多雨，物产较为丰富。特别是龙泉出产的青瓷与宝剑，天下闻名。

袁枢是一州的最高长官，虽说是外迁，却是第一次任地方主官，感到自己肩负着一方百姓安危的重任。“圣人无常心，以百姓心为常心”。经过一番调查，他很快发现了处州地区存在的主要问题：义役法。

义役法又称免役法。宋初在役法上原先主要沿袭唐代的“差役法”，即按户口人丁情况，以劳役代替实物缴纳税赋。差役法的问题在于负担太重而又劳役不均。许多地方官员为了完成税赋任务，采取种种办法甚至暴力手段逼迫百姓，许多贫穷小户因此倾家荡产，不得不外逃他乡，酿成极大的社会矛盾。王安石执政后，针对差役法的弊病，实行免役法。废除原来按户等轮流充当州县差役的办法，改由州县官府自行出钱雇人应役。这种办法表面上看是减轻了百姓负担，实际只是将负担以其他方式转嫁到百姓头上，所以实行一段时间后，也暴露出了许多弊病。

宋哲宗元祐元年（1086年）二月，司马光执政后，立即废除免役法，恢复差役法，并限令五日内完成。然而由于免役法已经实行了好几年，许多地方百姓也已习惯了，此时突然急着改行差役法，不但没有从根本上减轻百姓的负担，反而又出现新问题，朝政一时又出现乱象。

宋高宗绍兴（1131—1162）年间，婺州金华县的一些“大姓”，因轮派保正执行差役法而时起纠纷，倡议合伙捐田一百亩，帮助当役者应差。这种办法其实也属义役法，于是相邻的处州民间也开始实行义役。乾道（1165—1173）年间，知处州范成大将这种做法报告朝廷，得到孝宗赞许。于是义役法从两浙路扩展到江东、江西和福建等路，各地纷纷实行。

义役的实行有所谓“义役规约”，其主要内容是：由本地上户或者保正主持义役的实施，如收取役田租课、排定各户服役顺序等。义役田租金由役道收取，以供服役费用。但这样一来，义役大都由乡村上户把持，遇到一些有私心的上户，就会利用机会减轻自己的负担而将负担转嫁到下、中户身上。原来役轻或无役的中下户在上户勒索敲诈之下，加以吏胥的阻挠和破坏，负担增重，以至倾家荡产，因此有些地方的义役成为“不义之役”。

义役既涉及处州地区的千家万户，也关系到朝廷的税赋收入，袁枢了解义役情况后，决定按照司马光当年的办法，恢复实行差役法。但他也深知，任何一项税赋方法，都不可能十全十美，都会有弊病。因此，他采取了循序渐进的温和方式，并不马上取消义役，而是因地制宜，并不强求一律。

如此一来，虽然仍有一些问题，至少缓解了部分的贫富矛盾。侍御史谢谔知道后，当即向皇上写了奏折，请求推广处州的做法。孝宗为此下诏：两浙义役，许从民便。淳熙十一年（1184年），谢谔建议：“义役之行，当从民便；其不愿者，乃行差役。”正月，孝宗下诏江东、江西诸监司，义役、差役许从民便。实际上就是不采取一刀切，根据各地具体情况由百姓自己确定差役办法。

最急迫的问题解决了之后，袁枢松了一口气，开始留心处州的青瓷与宝剑，以及其他一些有趣的事物来。

武夷唱和

正在此时，朱熹来信说他的武夷精舍已经建好，盼能前往一聚。看完朱熹的信，袁枢忽然动了乡思，一晃间离家又已10年，处州离家乡不过一两日路程，何不趁机回去看看呢？

朱熹邀袁枢等人到武夷山相聚，表面是为了请四方朋友都来共同庆祝新居落成。事实上，也是借此机会与朋友们再次共同探讨学理。事情传出去之后，朋友们奔走相告，为此还惊动了朝中那些讨厌朱熹道学的权贵。就在袁枢准备前往武夷山看望时，有人上奏皇帝，请求朝廷严令不准官员士人到武夷精舍聚会。孝宗没有批准这道奏章，但还是命令建宁府密切注视、严加防范。

朝廷的这种态度，吓退了一些原本打算前往武夷精舍的士人。然而还是有一些朋友先后赶到了武夷山，其中不乏当时一流的学者诗人，如韩元吉、辛弃疾、陆游、杨万里等等。袁枢也将朝廷警告置之脑后，乘着马车，翻过杉木岭，到达武夷山，见到了早就等候在那里的朱熹。

此时的朱熹，似乎比过去消瘦苍老了许多，背都开始有点佝偻了。可是言谈举止间，却透着一股大学问家特有的沉稳与坚忍。朱熹告诉袁枢，他沿着九曲溪一路搜寻，最后看中了五曲的环境。五曲位于九曲溪中段，顺流而下，左边是壁立万仞的隐屏峰，右边是势压千钧的大藏峰。

在学生们的帮助下，朱熹很快就把五曲开发了出来。为此，他将其命名“武夷精舍”，还专门写了一组小诗：

精　舍

琴书四十年，几作山中客。一日茅栋成，居然我泉石。

仁智堂

我惭仁知心，偶自爱山林。苍崖无古今，碧涧日千里。

隐求斋

晨窗林影开，夜枕山泉响。隐去复何求，无言道心长。

止宿寮

故人肯相寻，共寄一茅宇。山水为留行，无劳具鸡黍。

石门坞

朝开云气拥，暮掩薜萝深。自笑晨门者，那知孔氏心？

观善斋

负笈何方来？今朝此同席。日用无余功，相看俱努力。

寒栖馆

竹间彼何人？抱瓮靡遗力。逢夜更不眠，焚香坐看壁。

晚对亭

倚筇南山巅，却立有晚对。苍峭矗寒空，落日明影翠。

铁笛亭

何人轰铁笛？喷薄两崖开。千载留余响，犹疑笙鹤来。

钓　矶

削成苍石棱，倒影寒潭碧。永日静垂竿，兹心竟谁识？

茶　灶

仙翁遗石灶，宛在水中央。饮罢方舟去，茶烟袅细香。

渔　艇

出载长烟重，归装片月轻。千岩猿鹤友，愁绝棹歌声。

一共12首诗，各自描写了武夷精舍12处景点的具体特色与感悟。平心而论，朱熹这一组诗虽然短小，却极为精彩，是描写武夷山风光中的绝佳之作。

袁枢从这一组诗文中，读出了朱熹此时的心情，一方面他是叹息自己一身才学而不为朝廷重用，另一方面又表达了他自己的归隐之心。袁枢一边游览精舍和五曲风光，一边诗兴大发，也挥笔作了《武夷精舍十咏》：

茶 灶

摘茗蜕仙岩，汲水潜虬穴。旋然石上灶，轻汎瓯中雪。
清风已生腋，芳味犹在舌。何时棹孤舟，来此分余啜。

钓 矶

投辖出东溟，持竿归九曲。溪翁未问讯，笑失双鬓绿。
潭边旧钓石，莹滑磨青玉。竟日漫垂纶，忘机看鸥浴。

观善斋

出处绍前哲，典型资后生。虚堂悬青镜，视者心自明。
古人不难到，功用在力行。缅怀朋盍簪，耿耿中夜情。

寒栖馆

岩前风入松，谷口泉漱石。写之五弦琴，身在函丈席。
竹间有余地，营馆招羽客。静夜絙高弦，待月寒林隙。

仁智堂

此身本无累，动静随所寓。结庐在岩谷，自适山水趣。
朝来挹云气，日夕沐风露。坐观天地心，讵忘仁智虑。

铁笛亭

当年跨鹤翁，想在云深处。铁笛忽龙吟，万壑披霾雾。
遥知发天秘，踏破苍苔路。吹与众仙闻，来看晚题句。

晚对亭

落日郁苍烟，空山转寒碧。石屏倚天立，端峭一千尺。
无言独与对，足以承朝夕。何用向时流，抵掌恣谈剧。

隐屏精舍

先生出云谷，看尽东南山。吴越几往来，衡庐屡跻攀。
恨无璚瑶英，驻此冰雪颜。有怀武夷仙，相期苍翠间。

隐求室

本是山中人，归来山中友。岂同荷蓧老，永结躬耕耦。
浮云忽出岫，肤寸弥九有。此志未可量，见之千载后。

渔 艇

溪回山路断，月白沙汀冷。有人撅短篷，击棹歌声永。
闻之三叹息，涣然发深省。归去万石滩，理我钓鱼艇。

“渔艇”诗中提到的万石滩，是袁枢家乡建安城外西溪北津渡口附近的一段石滩，滩旁即是当年刘子翚结庐读书的梅岩山。几年之后，袁枢被贬回乡，即在此处建了梅岩精舍，隐居其间。由此可见，此次的游览武夷精舍，对袁枢触动颇深，不仅勾起了他的思乡之情，同时也引发了他埋藏在心底多年的归隐愿望。

武夷唱和之事在南宋当时的士族阶层产生了多方面的影响，不仅说明南宋文化思想界形成了一个以朱熹为核心的学派，成为宋代儒学——道学成熟的标志，而且在诗歌史上也是一段难得的佳话。袁枢武夷唱和的诗，是他晚年思想的一个转折点，标志着他从单纯的“外求”功名，转向更为丰富的“内求”精神。

第八章

不畏权贵　疾恶如仇

袁枢再次获召回朝，受到重用，他仍然刚直不讳，不畏强权，弹劾谏官。然而，他又因举荐人才而遭受权臣打击报复，最后被罢官免职。

明断家事，弹劾奸臣

淳熙十四年（1187年），袁枢又一次获召回朝任职吏部员外郎，他又有机会应对“白虎殿”了。

这一次回朝，多亏好友杨万里。杨万里时任太子侍讲，经常接触孝宗，有一次孝宗请杨万里推荐一些人才，杨万里立即想到了袁枢，他对袁枢的评价是“议论坚正，风节峻洁”。

此时的宋朝，太平了十几年，国家和百姓得到休养生息的机会，经过上下的努力，经济上有了极大的发展。朝廷不但有足够的财力来发展官学和养士，也能够在必要时对各地的灾情实行救助。

在袁枢看来，兵事既无，升平日久，就难免生出些许懈怠之心。中兴有象，颂言日进，必然滋长骄满之志，再英明的人主也会被善于奉承的小人迷惑。朝臣们察言观色，各为己利，结党营私。长此以往，非但北伐无望，中兴成果也有可能毁于一旦。所以，当前的朝政之急，在内不在外。而在内之急，依然是要端正朝纲，树立正气，严禁朋党，驱逐小人。

进京赴阙应对时，袁枢便向孝宗说了一番话：

> 威权在下，则主势弱，故大臣逐台谏以蔽人主之聪明。威权在上，则主势强，故大臣结台谏以遏天下之公议。今朋党之旧尚在，台谏之官未正纪纲，言路将复荆榛矣。

孝宗一听就知道袁枢这番话的意思。他是想为朱熹说说好话，借此纠正朝廷中拉帮结派的不正之风，但他巧妙地不直接为朱熹说情，而是换了一个角度，这就得到了孝宗的赞许。

袁枢再次得到重用。不久后即迁任大理寺少卿，协助大理寺卿处理天下刑狱案件。没过多久，袁枢就遇上了一件棘手的案子。

此案是个民事案，原告是通州人高楠，事由则是因其兄高居贤分配家产不公，多占了不该占的部分。高楠先上诉到通州衙门，通州府判决维持原分配份额。高楠不服，再次上诉到大理寺。大理寺接案后，交由寺丞余琢经办。可是不知何故，余琢一直拖着不办。高楠急了，隔三岔五跑到大理寺击鼓喊冤。这一天，正好撞上刚到任不久的袁枢当值，一问情况，见是争夺家产的，袁枢顿时皱起了眉头。

俗话说，清官难断家务事，像这种为争家产兄弟反目打起官司的案子，袁枢从心底里反感。兄弟如手足，互敬互让不就得了，犯得着为此大动干戈吗？然而，身为大理寺官员，不管这案子有多复杂难办，总要秉公处理。于是袁枢和颜悦色地询问起来。高楠满肚冤屈，此时得以倾诉。尽管如此，袁枢还是不能只听一面之词，只是承诺等调查核实后一定会秉公处理，请原告少安毋躁。

高楠退出后，袁枢当即将余琢叫来询问情况。余琢40来岁，已在大理寺任职数年，算是个资深办案者了。或许是早就知道袁枢的名声，见了袁枢后余琢便据实报告原委。

原来，此案表面上看起来是家务事，背后却牵扯了许多官员。高楠将其兄告上官府后，高居贤大怒，放言说既然已无兄弟情谊，他就要看看究竟谁能打赢这场官司。于是辗转找到某御史，送了不少银子。这御史得了好处，自然承诺替人消灾，于是交代通州府要关照高居贤。通州府不敢得罪御史，又得了好处，就把高楠驳了回去。高楠告到大理寺后，案子刚落在余琢手里，此御史就托人捎话过来了。他一个小小寺丞，哪敢得罪御史呢？

可要是糊里糊涂办了此案，他又于心不安，所以一时踌躇不定。

袁枢见此案牵涉台谏，既吃惊，又愤怒。他本来就对近年来台谏为朋党左右而担忧，所以一入朝就向孝宗论及此事，没想到这下就遇到了。等余琢把这位御史的大名说出来，袁枢更是惊讶不已。

原来这位御史竟是冷世光。

说起冷世光，袁枢早有所闻。此人好像亦是通州一带的人，绍兴（1131—1162）年间的进士，比袁枢年龄稍大，也与他打过几次照面。印象中冷世光是一位容貌端正、举止斯文、不苟言笑的人。近年来入台谏后，不少人都说他清廉正直，为此得了个“冷面御史”的美誉。

袁枢知道，以当前朝政风气，要一个小小的大理寺丞去对抗掌管弹劾权的御史，确实很难。但若此案不秉公处理，大理寺威严何在？朝廷正气何在？天下公理何在？他本来就对近年来被朋党操纵的台谏任意弹劾大臣有看法，这回他倒要试试，究竟此人有多大的能量？

为了谨慎起见，袁枢特意拜访了任御史的阎姓朋友，向他了解冷世光的情况。朋友告诉他，冷世光在一般人的印象中确是正直清廉，待人接物极有分寸，学问才气也不错。但细观实际所为，其实并非尽符其名。尤其是近年来，时常奔走于权贵之门，偶尔还会干预州县事务。此次高氏兄弟案中冷世光偏袒一方，很有可能有见不得人的事。

朋友的说法与袁枢所想的不谋而合。果真是“大奸若忠”啊！但是当袁枢请教阎姓朋友该如何处理此事时，朋友却连摇头：“冷世光一个人不足道，只是他在台谏颇有人缘，机仲若是得罪了他，恐怕会招惹其党之怒，给自己带来麻烦。所以，依我之见，不要翻这个案子为好。”

袁枢对朋友的好意，自然心领。然而这更加坚定了其公正处理此案的决心，只要能使正气张扬，个人的进退得失又算得了什么？

袁枢当即拟了一个弹劾冷世光的奏议，直接上呈给孝宗。果然，孝宗看了此奏之后，勃然大怒。孝宗生平节俭，最恨大臣贪贿，处理贪贿案从不手软，更恨冷世光以假清廉来欺骗他。想起袁枢此前对他说过的要整顿台谏的话，他觉得如果要整顿台谏，那就从处理冷世光开始。

高氏兄弟争家产案最后得到秉公处理。冷世光很快被免去殿中侍御史一职，并被贬出朝廷。袁枢在处理此案中的公平与果断，尤其是敢于弹劾御史的勇气，在朝廷引起了很大震动。事实上，自淳熙四年（1177年）袁枢从严州重新入朝起，在朝10年，无论在哪一个位置，他都确实以自己的高尚品格与负责态度，在朝廷树立了正直的榜样。后来的建安大儒真德秀高度评价袁枢，认为他“有爱君忧国之心，有愤世嫉邪之志，虽未谐于中道，要可谓之正人”。真德秀认为：“袁公之德，纯乎刚者也，刚之过则为世所不容。”真德秀为此感叹：“今观其奏疏遗稿，凛然精忠，无所回隐，使当前代讳言之朝，必以为狂，为讦，为干名，为卖直，安得有正人之褒？愚于是三叹淳熙之盛。”

不久后，孝宗亲自下诏升迁袁枢为权工部侍郎、吏部侍郎兼国子祭酒——其实也就是官复原级，再度重用。可惜的是，不到一年，就因举荐闽籍优秀士人被贬罢秩，孑然离朝。

遭受陷害，告老还乡

举荐士人的事，原本就是吏部职责之一，何况孝宗还曾亲

自对他说过此事，所以袁枢对此格外留心。一日，有一个闽籍年轻人前来找他，此人叫李士章，生得气宇轩昂。袁枢一看就对他有好印象，及至与他交谈之后，更觉得他学问精博、见解独到，是个可用之才。虽然袁枢当时没有答应他什么，但几天后就将他列在上奏的举荐名单中。其时的袁枢，德高望重，经他举荐的人才，一般都能很快被任用，李士章也不例外，不久后就得到了州府教授一职。

然而正如真德秀所言，袁枢一生过于刚直不讳，故不容于世。弹劾冷世光虽然得到孝宗的肯定，大长了朝廷正气，却因此得罪了台谏中与冷世光交厚的一批人。在此之前，只有他们弹劾大臣的，从来没有在职大臣敢于弹劾台谏官的。袁枢开了这个头，如果此风不刹住，台谏的脸面何在？

更重要的是台谏们的利益受到了极大的侵犯，所以他们无论如何都要报复袁枢，让他知道台谏的威严不可侵犯。

为了打击袁枢，御史陈贾四处收罗材料，袁枢的一举一动，他都暗记在案。看看火候差不多了，便炮制出一份弹劾袁枢的奏章，其中罗列了好几项罪名：一是举荐士人时，收受乡人贿赂；二是与道学中人结成朋党，欺世盗名。陈贾一发难，立即就有几个平时不喜欢袁枢的御史附和，一连好几个弹劾袁枢的奏章送到了宰相手里，随即转达到孝宗面前。

孝宗看了陈贾上奏的弹劾状后，果然皱起了眉头，认为袁枢大大辜负了他的期望。他当即拿起御笔在奏章上批示：着吏部查明事实，严加惩处。

袁枢得到陈贾弹劾他的消息后，不是想办法找宰相托关系，向皇帝求情，而是极为不屑地哼了一下，挥笔写了一个上千字的奏章自辩。在自辩中，他逐条驳斥陈贾的指责，当然也少不了攻

梅岩附近北津湖风光

击陈贾之类小人的话，最后则要求告老还乡。孝宗一看更加恼火了，真的让袁枢回乡养老了。

这一次的被贬，是袁枢一生中最难堪的，一竿子撸到底，连薪俸都没有了。

袁枢不得已回到了建安。不管怎么说，那里是生他养他的地方，那里埋葬着他的父母、祖父和许多先人。再说，好友朱熹已在考亭定居，建安城距考亭不足百里，车船来往方便，可以时时小聚，以抒情怀。所以，回家乡后，他最后选择了定居于城北郊的梅岩。之所以选择此处，一来是环境清幽，距城仅数里，下有清澈的建溪河，上有绿树葱郁的险峰。另一方面是旁有一小村，昔年刘子翚在此筑屋读书时，遍种梅树，袁枢少年时跟朱熹拜访梅岩时，就非常喜欢此地。刘子翚去世后，其后人不再花时间打理此地，于是此地日益衰败，一片荒芜。

袁枢故地重游，不胜感慨，当即决意隐于此处。

第九章

荆州抗洪　德惠百姓

宁宗即位后，袁枢毫无怨言、不顾已是年老之身，接受朝廷安排，赴任江陵。岂料荆江堤防突然崩溃，袁枢以老迈之躯，抗洪救民。灾后，他又鼓励百姓修堤植树，受到百姓的爱戴。

荆州抗洪

袁枢站在江陵城头，遥望城外蜿蜒向东的浩浩荆江，只见楚天寥廓，远山渺茫，大小船只，星星点点；江风吹来，拍打着岸堤，发出一阵阵低浑的喧声，脚下一阵阵地颤动。

宁宗即位后，起用了一批孝宗朝的老臣，以示开明与恩眷。然而，他们虽重回朝廷，多是挂个虚衔或者任个外官。庆元元年（1195年），袁枢知江陵府，此时袁枢年岁已大，本可以谢辞外任的，但他并没有推辞任命，而是毫无怨言地接受了安排。对于他来说，即使不能回朝中，能治好一个州县，让那里的百姓安居乐业，也是一种功德。当年他知处州时，就已深有感受。“君子达则兼，退则隐”，多少年来，他都一直抱着这个信念，即便到了白发苍苍的暮年，也从来没有改变过。

江陵又称荆州，地处长江中游上端，北据江汉平原，南对淮湖平原。古为楚国都城郢之所在，三国时为西蜀重镇，宋时则处宋、金交界之地，沃野千里，地势扼要。在这里，曾经演绎过许多风云变幻的故事，涌现出许多彪炳青史的人物。

而江陵，对于一个地方最高长官来说，目前面临的最大问题是什么？袁枢经过调查，觉得就是堤防。

流经江陵府境内的百里荆江，河道极为弯曲，素有“九曲回肠”之称。太过弯曲的河道，不仅增长了航程，而且由于弯道内流速减小，容易淤积成沙洲浅滩，阻碍航行。与此同时，也降低了洪水下泄的能力，容易造成洪水壅塞，引起堤防溃口。所以，自古以来，修筑荆江堤防，一直是地方上的一件大事。

然而，要重修堤防，谈何容易？

修筑堤防需要大量的钱粮和劳力，可他初来乍到，手头什么都没有。荆州号称楚中重镇，州府库中却空空如也。要启动堤防工程，得向朝廷申请报告，等到批准下来，少说也得好几个月。事实上，还不等他进一步筹备，洪水就汹涌而至了。

那天凌晨，他还在睡梦中，突然一阵隐隐的喧哗声从远至近，越来越大，猛地将他吵醒了。

袁枢本能地坐起来，跳下床。也就在这时，房外衙役一边敲门一边喊：“大人，不好了，洪水进城了！”

袁枢立即打开门，走到院中，天空灰蒙蒙、阴沉沉的，嘈杂声越来越清晰了，不时还传来轰隆隆的房屋倒塌巨响。

“情况如何？”

“肯定是堤坝被水冲垮了。”

“你把衙门打开，把空房统统腾出来。有灾民进来，一个都不要拦。”

袁枢边说边走了出去，现在他心里想的是那些受灾的百姓情况如何，该怎样去安置他们？此时天色亮了一些，衙门前街上已经站了不少人，多数是附近的居民，也有一些是灾民。袁枢走到就近几个灾民处，一看他们的装束，就知道不是城里人。袁枢和他们谈了一会儿，原来这些人都是堤外的垸民，他们平时住在城郊，依靠耕种堤外的土地为生。今年的洪水较往年要大，堤坝又年久失修，所以一下就将堤坝冲垮了。城郊地势比城里低得多，房子也盖得很简陋，一冲就垮了。

“还好我们有准备，老人小孩事先跑到地势高的亲戚家躲避了。人是没有什么事，可房子垮了，所有东西也都被冲走了，也不知道今后的日子怎么过。”

说话间，逃进城的灾民越来越多。附近居民怕受干扰，探了

个头就缩回去把门紧紧关上。袁枢把灾民让进衙门，吩咐衙役找出大锅来煮粥。忙碌了一阵子，天终于亮了，衙门院子里也挤满了灾民。粗粗安置好这些灾民后，袁枢立即召集所有官员，商议救灾事宜。

袁枢认为当务之急就是不要让百姓流离失所。首先，要拿出常平仓的粮食，让百姓有饭吃；其次，要腾出所有能腾出的空房，让百姓有地方遮挡风雨。

大家看见这个满头白发的老知府救灾态度如此坚决，也都振奋起来，立即按照袁枢所布置的分头行动起来。但是问题很快就出现了，洪水虽然开始慢慢退却，无家可归的灾民数量却远远超过想象。城里所有的空房子，包括一些大户的闲置房，都动员出来让灾民住了，可是仍有相当一部分灾民露宿街头。

袁枢再次召集众官吏商议办法。可是碰到这种情况，谁能有好办法呢？沉默了好久之后，一位老吏终于想出一个办法：将故楚郢都那片老宫城的房子，分给灾民居住。

“不妥不妥。故楚都可是朝廷下旨保留的，谁有那么大的胆敢动它。”

原来，早在太宗时，朝廷就专门下旨，地方官府要尽起保护楚国故都城的责任，不得以任何理由挪作他用。所以，虽然楚都早已破败不堪，历届州府仍从不敢打它的主意。若是未经朝廷批准，擅自让百姓去住，那可是违旨之罪啊！

官吏们的担心也是可以理解的。然而当下的燃眉之急，莫过于安顿灾民，否则，还要他这个知府干什么呢？至于朝廷方面，他相信宁宗只要知道这里的灾情，亦会赞成他的做法。何况，就算有什么非议，所有责任都由他来承担好了。

“于今之计，不能再固守前规了。皇上那里，我自会呈上奏章。你们只需按我的意思去办就行！”

府吏们见袁枢态度如此坚决，也就不好再说什么。大家立即跟随袁枢，赶去察看情况。只见一路上遍地污泥浊水，堤防内外原先一片葱绿的田野，被冲得七零八落，随处是脏头污脸、无家可归的灾民。袁枢快马加鞭赶到郢都，果然是一片破败，昔年雄伟壮观的都城建筑，纵横交错的街道，此时已只剩残垣断壁，歪柱倾梁。不过，由于地势较高，没有受到洪水侵袭。再细细观察一番，感到只要稍加修葺，还是可以容纳许多灾民的。袁枢立即草拟了一道告示，允许灾民迁住郢都。与此同时，他还将城里有头有脸的乡绅富户召集到衙门，请求他们尽可能地捐献钱粮以及砖瓦木料，以帮助灾民。

看到老太守如此为百姓奔走，乡绅们也都被感动了，纷纷捐献，这让袁枢颇感欣慰。在安顿灾民的同时，袁枢根据以往灾后常有疫情的经验，组织了一帮医者，在城里城外有人居住处喷洒大量石灰粉以消毒，此外还向灾民发放了许多防疫驱邪的药材，让他们自己煎服。经过一番忙碌后，数千灾民总算有了安身之所，也没有出现瘟疫，袁枢吊着的心也终于放了下来。

德惠百姓

安顿灾民的事告一段落后，袁枢当即起草了一份奏章报告灾情以及安顿灾民的情况，同时要求朝廷拨出专款，用于重修江陵堤防。当值的宰相赵汝愚见章后，极为赞成袁枢的处置办法，第二天上朝时即将奏章呈给宁宗，宁宗果然也赞同袁枢的做法。只是对拨款重修堤防之事，不置可否。

没有得到朝廷的拨款，袁枢心里多少有些失望。他在朝中多

年，深知朝廷的财政情况，最佳时期是孝宗在位时，可谓“国富民安”。光宗在位三年，政治上无所作为，财政上乱花乱用，孝宗时积累起来的财富，急剧削减。宁宗即位后，朝事恢复正常，财政有所好转，但是远不能与孝宗时相比，只能勉强应付日常用度，哪还顾得上江陵的堤防？袁枢只得长叹一声后另想办法了。

袁枢再次策马到堤防上转了一大圈。洪水已经退去，荆江恢复正常，浩浩荡荡向东南流去。

等回到府衙，袁枢心中已经有了主张。府衙能支配的钱粮固然不多，但是有劳役，只要跟百姓说清道理，想来他们也会拥护的。于是他再次召来官吏，告知他的打算：昔年临安西湖亦常有洪水侵城，东坡先生为知府时，组织民众修筑堤坝，并于堤上广种杨柳，以固堤岸。如今荆江堤防，亦可参照此法。

袁枢的这一提议，得到了众人的支持。其实荆江堤防自古以来就有植树固堤习俗，绍兴（1131—1162）年间刘大帅守江陵时亦组织人修堤植树。只是近几十年来再也无人主持此事，因此导致树老堤崩。

在此后的一段日子里，袁枢一有空暇，就往堤防上跑，随时鼓励修堤植树的父老。看到这位满头白发的老知府如此地上下奔波，百姓莫不感动万分。

多少年后，后人翻开尘封的江陵历史时，虽然只有短短的一句话记录这段故事，却让人认识了一个全新的历史学家。

> 知江陵府。江陵濒大江，岁坏为巨浸，民无所托。楚故城楚观在焉，为室庐，徙民居之，以备不虞。种木数万，以为捍蔽。民德之。

晚年袁枢再一次用他的德行写下一部无字的天地青史。

庆元三年（1197年）末，在江陵任职一年多之后，因韩侂胄当权，排斥程朱理学，袁枢受牵连，被劾罢职，提举太平兴国宫——实际上就是养老赋闲。他辞别江陵父老，单人独车，悄悄地回到了建安家乡。

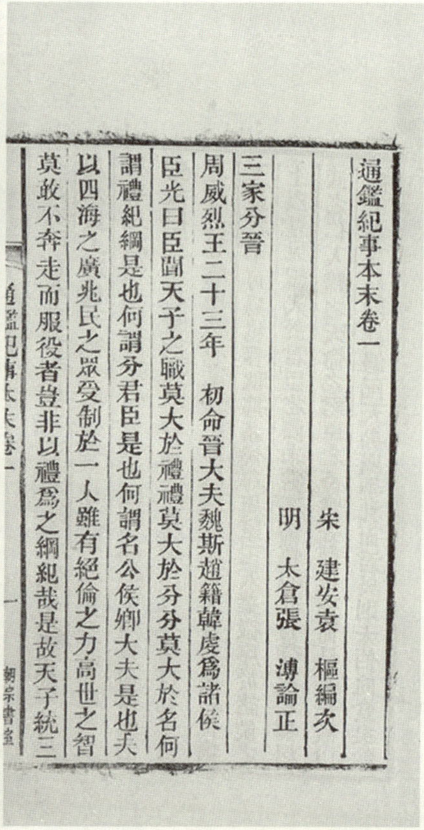
通鑑紀事本末卷一

宋　建安袁　樞編次

明　太倉張　溥論正

三家分晉

周威烈王二十三年　初命晉大夫魏斯趙籍韓虔爲諸侯

臣光曰臣聞天子之職莫大於禮禮莫大於分分莫大於名何謂禮紀綱是也何謂分君臣是也何謂名公侯卿大夫是也夫以四海之廣兆民之衆受制於一人雖有絶倫之力高世之智莫敢不奔走而服役者豈非以禮爲之綱紀哉是故天子統三

通鑑紀事本末卷一　一　朝宗書室

第十章

梅岩归隐　易中乾坤

江陵归来后，袁枢梅岩归隐，潜心研易，取得了极高的成就，深受世人好评。

归隐研易

袁枢又回到了梅岩。当他站在顺溪而下的船头上，远远望见建安的熟悉山影时，心中为之一静。如果说，过去的几次归去来，都只是一种过渡，这次就是真正的有归而再不会去了。他已将近古稀之年，剩下的岁月不多，人生也已一无所求。那就做一个真正的隐者，直到最后归于虚无吧！

小船在北津渡靠岸了，他没有进城，拽着藜杖直登梅岩。自淳熙十年（1183年）被贬罢秩回到建安后，他就在梅岩屏山先生旧舍旁筑了几间茅屋，携同家小在此居住。随后的几年中，他又逐渐将周边荒坡开辟出来，高处修亭，低处种梅植竹，不经意间，已俨然成景。闲来无事，他有时登上峰顶小亭，凭栏眺望远

梅岩全景

处风光；有时下到溪边，独坐于滩边树下垂钓。还养了两条狗、一群鸡，整天跟着他上上下下。老妻则率领儿女僮仆，每天忙着烧饭、洗衣、洒扫庭除，把里里外外弄得干干净净。

江陵归来后，袁枢再次过上了这种宁静而淡泊的田园生活。因为当年修筑的茅屋亭舍有些破损了，于是他重新修葺了一番，还在几个好去处开辟出小路，增建了木亭，并在入口处竖了一个杉木匾额，自书“梅岩精舍”四个大字。

袁枢每日徘徊其间，吟诗饮酒，过上了真正的隐遁生活。因为年老，喜欢安静，平时很少出门，偶尔往数十里外的建阳考亭看望朱熹。倒是时常有人前来拜访他，地方官员请其写过一篇《万石桥记》。

淳熙七年秋，大水，北津多败。自瓯宁令季淙请于诸司，欲视西溪之扼而建桥焉。太守赵侯彦操与部使者议合给公钱五十万，使营之令乃属僧妙昌董其事，且使求四方之助昌，遂经始。明年，令忧去。财用告匮，诸司以官渡与绝寺之田给之，俾敛其岁入以供工役。累石将崇，败于春潦。十五年，邦人黄庆曾率耆老告于府，请招讲师了性于温陵以集其事。太守赵侯善俊从之，遣昌携疏往谕。明年，师与昌偕至，乃相溪夷险而定其址。师曰：“建溪居八闽之上流，北流据一流之要会，非规模雄胜则不足以壮大邦之势。然崇山束隘，万石据险，湍流震激，势必冲决。当撤故基而崇新址，然后可永其利。”众皆然之。师遂南下求赀于富室，稛载而来造舟运石，移据于磻水之上，纠其徒使供力役，而自往来以经财，计上下协心，历五年而新址之崇成矣。于是刊木陶甓横梁植宇，凡所资以为用者，皆求于四方。

计费钱三万九千五百余缗，而米之斛万有一千五百四十有奇，较诸西溪用度则捐矣。溪广一百四十余丈，为址十有五，多于西溪之三，而石之厚博有加。为屋一百七十二楹，其数少益而横广杀焉，余皆相若也。

庆元元年三月桥成，太守待制单公曾两司以落之寮属毕至，聚观者万余人。耆老语于众曰：“吾邦地狭而岁多险，人贫而心易危，使年谷不登，田里愁嗟，则桥之成无日矣。今岁丰人安，事克有济，亦太守镇抚之惠也。”盍请名于桥，以彰其德。公闻之曰：“岁之丰由于天，人之安原于上，桥之成系于时。吾守此邦，适逢其会顾，何德之有？幸与邦人同庆之。”遂榜其桥“万石”，且属枢为之记焉。

枢，邦人也，不敢辞，乃言曰：“昔唐御史中丞崔公之守零陵，作亭于城西之墟，命之曰‘万石’，盖托物寓名，以为游观乐也。柳子厚作记，犹以州邑耆老之辞颂而祝之。矧公镇抚之惠多于崔中丞，而邦人怀咏之情切于永之耆老。枢无子厚之才，曷为辞以尽形容之美乎。窃惟游观非政，镇抚为德此邦之人，所以祈赞于公者，与永之耆老相间也。请以子厚之颂而为此桥之铭。庶几秉笔无愧辞，而邦人之情可以少慰矣。”

颂曰：汉之三公，秩号万石，我公之德，宣受兹锡。此子厚辞也，述而书之以告来者。

袁枢此记中“万石”桥的位置，在西溪靠近北津处，离梅岩仅数里。如今桥虽早已不存，但“万石”之名犹在。《万石桥记》保留在县志中，是袁枢留存极少的散文之一，弥足珍贵。

袁枢更多的时候，是与朱熹、杨万里书信往来，抒发诗情，研讨易经。袁枢一生的学术研究，可以归纳为“中年治史，晚年研易”，治史则有《通鉴纪事本末》流传，因此奠定他在中国史学史上的重要地位；研易则有《学易索隐》《易传解》《周易辨异》《易童子问》等数部专著。袁枢对易经的研究相当深入和独特，可惜的是，他的这些专著未能留存下来，只能从杨万里、朱熹给他的回信中得知部分内容。

杨万里对袁枢所做的研究评价极高：

> 探天造之机缄，发圣门之管钥；皆先儒之所未觌，后学之所未闻。

杨万里认为，袁枢对易经的研究和见解，具有非常独到的地方，都是先儒所未见、后学所没听说的。袁枢的易经研究，既渊博，又深切，可以引导天下后来的学者寻根问源，由表及里。

朱熹与袁枢关于易经的研究、探讨更多。朱熹晚年回复袁枢关于易经的书信，有11封之多，而且大都很长很详细。由此可见袁枢对易经的执着。

其时，朱熹因庆元党禁罢官被斥，与袁枢一样闲居在家乡，他虽然年龄已大，身体状况不佳，昔年的腿疾愈加严重，行走都十分困难，但他依然硬撑着治学讲道不辍，直到去世之前，还在为学生详说《太极图》《西铭》。在他的答袁枢书信中，涉及多方面的问题，而且都很详细，主要是针对袁枢提出的问题，进行探讨。

袁枢提出的问题，主要有两类。一类是对流行的易学解析观点的质疑；第二类是他自己的心得体会。朱熹的回信中，用了大量篇幅讨论阴阳、刚柔、仁义的方位与变化问题，可见袁枢在这方面的用功特别多，钻研特别深。

斯人长逝

庆元六年（1200年），朱熹去世，袁枢其时也已届古稀，身体状况并不好，但他仍然坚持到考亭去吊唁朱熹。看到朱熹安详的面容，想起与他几十年的交往，袁枢不由老泪纵横。最初与朱熹在建安城南沙滩上相识时，他们都还是不知天高地厚的孩童，然而也就是在那时，他们都立下了忠君为民的雄心壮志。其后由于各人的际遇不同，离多聚少，但不管在哪里，都在心里牵念着彼此。袁枢敬佩朱熹的学识和钻研毅力，赞赏朱熹为重振儒学而做的努力。但他选择了一条与朱熹不同的人生道路，他没有钻研道学，也没有以道学家自我标榜，更多的是根据具体情势努力践行传统儒家礼治精神，即便是当年编撰《通鉴纪事本末》，也是

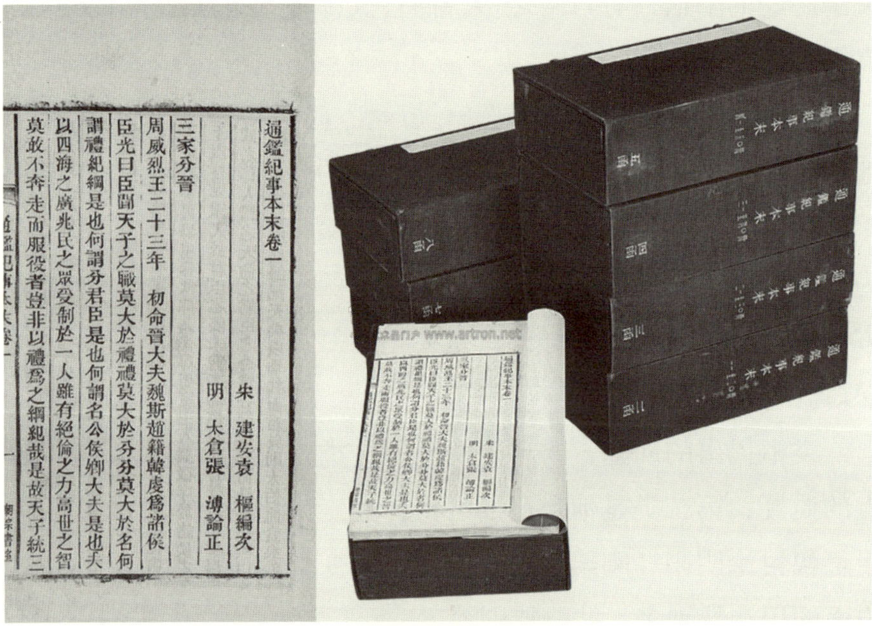
通鑑紀事本末卷一
宋 建安袁 樞編次
明 太倉張 溥論正
三家分晉
周威烈王二十三年 初命晉大夫魏斯趙籍韓虔爲諸侯
臣光曰臣聞天子之職莫大於禮禮莫大於分分莫大於名何
謂禮紀綱是也何謂分君臣是也何謂名公侯卿大夫是也夫
以四海之廣兆民之衆受制於一人雖有絕倫之力高世之智
莫敢不奔走而服役者豈非以禮爲之綱紀哉是故天子統三

《通鉴纪事本末》

具有明确的实际目的。

始料不及的是，人生总有那么多的意外，有心栽花花不开，无心插柳柳成荫。他本无心做学者，却成了一个独创一体的史学家；有心做一个治世良臣，却在仕途上屡屡受挫，终其一生不过侍郎、祭酒，三品官而已。

开禧元年（1205年）冬天的某日，梅岩显得格外平静，窗外的第一簇蜡梅在夜色中悄悄地绽开，依稀的幽香随着寒气渐渐透进屋子，当第一缕阳光即将照进梅岩之时，75岁的袁枢平静地离开了人世。老妻和孩子们在收拾他的遗物时，除了厚厚一堆写得密密麻麻的书稿外，没有任何遗言。事实上，袁枢也没有任何值钱的遗产留下来，就连梅岩精舍也是租来的。但是家人都明白，活着的时候，他想说的话都说过了，想做的事也都做到了，除了内心的不断充实，早已别无所求。他走得没有遗憾，非常自然。

今天的梅岩，依然郁郁葱葱，鸟语花香，但是罕有人至。当地百姓几乎没有人知道，800多年前曾经有过一个书写过一本厚重史书，并以自己的一生品格而名留青史的南宋史学大家在这里生活了10多年。只有在乱树丛中，还有当年残留的砖石在默默地等待重新被发现的一天。前几年亦有好事者根据县志所记，试图恢复梅岩当年风景，移植了上千棵梅树，遗憾的是成活不多。然而不管怎样，梅岩的山水永存，袁枢作为开创纪事本末体的历史学家，他的声名与著作将与梅岩同在。他洁身自好、刚正不阿的崇高品格与精神，也将成为中华民族核心价值观的重要组成而永放光芒。

结　语

《通鉴纪事本末》成书后，不仅当时引起了上层统治者以及士人的重视，之后的800多年其影响也并未衰减。毛泽东主席就一直很重视《通鉴纪事本末》。令人遗憾的是，这么一本传世之作的编撰者，其生活状况与经历，知之者却很少。即便在袁枢的家乡，一般人也并不知道建安山水曾经养育过这么一个人。事实上，袁枢一生的成就，除了史学方面外，晚年治易学造诣也很深，专著就有4种。袁枢为政为人的高尚品格，可谓是中国古代士人的优秀代表，在他身上，集中体现了中国传统士人“穷则独善其身，达则兼济天下”的思想境界。

袁枢任官时尽心尽力为政，遇贬时也并不特别失志，照样读书治学，诗酒自娱。他的精神境界，似乎更接近陶渊明的清高、苏东坡的豁达。以他晚年的社会地位与影响，将其著作刻书付印，当非难事，然而他却随其自然地“藏之于家”，导致最后失传。希望这本普及读物能引领我们走进袁枢的世界，不仅认识一个真实的袁枢，更引领我们积极投身于延续中国优秀传统文化的自觉中。

后　记

福建，山海相拥，人杰地灵，人文荟萃，英才辈出，产生了许多伟大的思想家、文学家、教育家、科学家和民族英雄、爱国先驱、革命将士、时代楷模。他们的教育成长、道德品行和思想文章，是福建的宝贵精神财富，教育和激励着一代代福建人努力学习、奋勇前行。福建省社会科学界联合会组织编写的“福建历史文化名人丛书”，以福建历史名人为题材，古今结合，意在从高处着眼、从基础着手，普及人文社会科学知识，促进人文道德养成，使社会科学知识走进大众、走进生活、走进现实，让更多的人了解福建历史名人，弘扬优秀传统文化，增强福建文化影响力和感染力，为建设文化强省添砖加瓦。

“福建历史文化名人丛书”（第三辑）所包含的董奉、薛令之、游酢、罗从彦、李侗、袁枢、蔡元定、刘克庄、俞大猷、洪承畴10个人物故事，记录了福建文化之于中国历史的影响，同时也以人物史的叙述方式生动地展现出中国人文精神的风骨和传统文化的传承。人物篇以人物生平为线索，在故事中体现传主的学问、事功、道德，凸显他们在中华文明进程中的重要作用，深入挖掘和阐发其内在精神，从而激起读者爱国爱乡的强烈情感，使之成为涵养社会主义核心价值观的重要源泉。

这套丛书以广大群众为读者对象，尤其是各年龄段的学生群体以及受过中等教育的读者，他们对这些历史名人的认知，大

多来源于历史课本、乡土教材、文化景点和博物馆，很难形成具体、深入、系统的认识。丛书深入浅出，雅俗共赏，通过一个个生动精彩的故事带领读者走进福建历史，走入人文社会科学的知识殿堂，融故事性、知识性、趣味性、可读性于一体，对提升大众的阅读水平、普及社会科学知识、提高人文社会科学文化素养和思想道德素质有着积极的作用。

福建省社科联党组书记、副主席林蔚芬对编撰出版工作提出明确要求，给予大力支持。省社科联党组成员、副主席缪建萍亲自指导本书的策划和编写工作。省社科联从事社科普及工作的李道兴、杨文飞、林彤、李培錩等具体组织实施本丛书的编撰出版工作。

专家刘小新老师对丛书写作大纲和书稿进行了认真审读，并提出了许多很好的意见和建议，在此表示感谢！

由于编撰出版时间紧，经验和水平有限，疏漏在所难免，敬请广大读者批评指正。

编委会

2017年8月